Plataformas, *influencers* educativos y otras especies del bestiario de la escuela digital

M. Isabel Pardo Baldoví

Plataformas, *influencers* educativos y otras especies del bestiario de la escuela digital

M. Isabel Pardo Baldoví

Universidad de Murcia
2025

Pardo Baldoví, María Isabel.
  Plataformas, *influencers* educativos y otras especies del
bestiario de la escuela digital / M. Isabel Pardo Baldoví.-- Murcia :
Universidad de Murcia, Servicio de Publicaciones, 2025.

  181 p.-- (Editum. Educar y aprender)

  ISBN 978-84-10172-35-7

Educación-Internet (Red informática)
Educación-Innovaciones tecnológicas.
Universidad de Murcia. Servicio de Publicaciones.
37::004.78:316.77
37::001.8

1ª Edición, 2025

© Universidad de Murcia, Servicio de Publicaciones, 2025

ISBN: 978-84-10172-35-7

Depósito Legal: MU-278-.2025

Impreso en España-Printed in Spain

Imprime: Servicio de Publicaciones. Universidad de Murcia
Campus de Espinardo, 30100-MURCIA

A mi hermano, Carlos.

Y, en general, a todas las maestras, maestros y profesionales de la educación que, día a día, trabajan para convertir la escuela (y cualquier institución educativa) en un espacio de encuentro, de investigación, de reflexión y de vida.

Índice

Índice de figuras

PRÓLOGO

A cargo de Andrea Díaz

En tiempos líquidos y de aceleración tecnológica, la escuela aparece como una institución de singular anormalidad: resiste en su mismidad y, en esto, se vuelve conservadora y disfuncional. Las críticas a la obsolescencia del formato escolar expresan, aún en su intención progresista o conservadora, que la escuela moderna es extemporánea. Por ello, cada tanto, irrumpen con fuerza en las ciencias de la educación modas que provienen de otros campos culturales y buscan imponer una renovada estética, un manto de innovación a un ámbito que pareciera estar detenido en el pasado. Al tratar de aprehender filosóficamente el tiempo histórico, Hegel se encargó de distinguir la novedad de lo novísimo, reservando a este último el carácter efímero de aquello que no llegará nunca a ser marca distintiva de una época.

Podría debatirse, entonces, si la escuela digital y su pedagogía, versionada y rotulada como la actualización de un *software*, constituyen un esfuerzo por surfear en la cresta de lo novísimo; o si más bien expresan la necesaria reconfiguración epocal de una forma de enseñar que nace en la modernidad, se afianza con la escolarización que emprenden los Estados nacionales, y que comienza a desdibujarse cuando esta matriz histórico institucional muestra síntomas de fragmentación. Sin embargo, estas preguntas nos ponen una trampa reduccionista e instrumental, porque ese modo de interrogación presupone que la escuela sólo es una máquina de enseñar aquello que la sociedad capitalista requiere. El presupuesto de la adaptación, eficiente, indolora, es parte del imaginario que encontramos en algunos esfuerzos de reconversión tecnológica de la educación.

El primer mérito del libro de M. Isabel Pardo Baldoví es que analiza el tema desde un horizonte más amplio, construido de la mano de perspectivas filosóficas, sociológicas, pedagógicas, literarias y artísticas. Desde ese marco tensiona la escuela digital volviendo a la pregunta fundante de la humanidad, la que vincula la tecnología-herramienta con los procesos de simbolización y, en esto, de humanización. En este sentido, el texto abre y cierra problematizando -y no naturalizando- las mediaciones entre humanidad, educación y tecnología. Al hacerlo, coloca de lleno el problema en un registro pedagógico formativo, pero no el de las competencias que impone el mercado, sino aquel que es necesario para reconstruir una *Bildung* que vuelva a preguntarnos para qué y en qué consiste hoy dar forma a las disposiciones, capacidades y potencialidades humanas.

Sin sacrificar rigurosidad y complejidad, la autora presenta en forma clara y amena las principales innovaciones, transformaciones y dislocaciones que incorpora la educación digital, sin por ello relegar esa capacidad de problematizar que hemos resaltado. Justamente, tal vez sea en la forma de presentar estas innovaciones donde logra interpelar con mayor fuerza sobre el sentido de estas mutaciones y la necesidad de pensarlas con urgencia, pero recuperando la autonomía docente. Ponerlas a jugar en clave de bestiario no es solo una decisión estética, o de *marketing* para captar el interés del lector-consumidor. El acierto de la imagen del bestiario merece ser resaltada por varios motivos. Porque presenta una suerte de fauna, de naturaleza no humana, y así resalta la ausencia de subjetivación pensante y deseante, capaz de autorrealizarse en esta fase del capitalismo digital. Al modo de las múltiples ficciones que nos regala la literatura universal, las mutaciones del profesorado no ocurren por la irrupción forzada y violenta de lo extraño, sino que construyen su ubicuidad a partir de metamorfosis imperceptibles y cotidianas. En los grandes bestiarios, la monstruosidad aparece en lo familiar, por lo que se torna difícil advertir el proceso que la hizo visible. No sabemos cómo, ni desde dónde se fueron gestando, pero esos especímenes están entre nosotros, en nuestras escuelas, trastocando de modo instrumental un proceso cuya razón de ser es ética y política.

"Plataformas, *influencers* educativos y otras especies del bestiario de la escuela digital" devela el discurso tecnológico y pedagógico que está detrás de la pedagogía digital. Demuestra que, en la modernización de recursos y plataformas tecnológicas, perdura una racionalidad instrumental y fragmentaria, que en su ubicuidad ha perfeccionado la capacidad de reificar subjetividades, vínculos y organizaciones. Como crítica social, denuncia la colonización cultural del neoliberalismo, y su capacidad de apropiarse de la renovación e innovación pedagógica que, al trastocar sus sentidos, fetichiza prácticas, licúa su potencial emancipador y resiente la autonomía.

Pensar estas transformaciones supone ponderar sus alcances, vislumbrar y debatir su impacto en las subjetividades, en las prácticas didácticas e institucionales, en el trabajo docente y en la experiencia de la vida en común. Tomar decisiones fundamentadas en la crítica y la autonomía es parte de la acción política y pedagógica que tenemos como colectivo de profesores, en la certeza de que, si no lo hacemos, otros lo harán -me corrijo-, lo están haciendo por nosotros.

En *Emilio*, Rousseau criticó la civilización y la educación de su tiempo cuando denunció que el hombre "todo lo desfigura, la deformidad, los monstruos le agradan". Con ello, sentó las bases de una pedagogía nueva, democrática, centrada en la libertad y la igualdad. No es casual: en tiempos de crisis los bestiarios aparecen como crítica y denuncia, para advertir los riesgos que acechan, para ayudarnos a pensar de otro modo lo que asumimos como normal. Ojalá este libro sea un insumo en esa dirección, para quienes educan pensando en que es necesario y posible un mundo mejor.

Andrea Díaz

Universidad Nacional del Centro de la Provincia
de Buenos Aires, Argentina

INTRODUCCIÓN

Ser humano y tecnología: una simbiosis ¿perfecta?

> Los constructores de instrumentos habían sido
> rehechos por sus propias herramientas. [...]
> Era un proceso acelerador, acumulativo;
> y en su extremo estaba el Hombre.
>
> *2001- Una Odisea del espacio.* (Clarke, 1985, p. 15).

Desde los albores de la humanidad, la historia del ser humano y la historia de la tecnología forman un todo indisoluble. Es precisamente la creación y el manejo de herramientas lo que provoca el salto evolutivo que da inicio al género *Homo*. Desde este momento, y como plantea Broncano (2013), naturaleza y artificio se implicarían e interpelarían mutuamente. Humanidad y tecnología establecerían una estrecha simbiosis, de forma que el ser humano avanzaría en línea con el desarrollo tecnológico, en una suerte de co-evolución, característica de las relaciones simbióticas.

Atendiendo a la historia de la humanidad, se observa que la nomenclatura de las edades prehistóricas evidencia claramente esta simbiosis, así como la progresiva sofisticación del desarrollo tecnológico, pasando de la edad de piedra a la edad de los metales. También el inicio de la Historia parte de un hito tecnológico: la aparición de la escritura. Esta etapa, que Toffler (1993) conceptualiza como primera ola de transformación, se caracteriza por la relación "ser humano-herramienta" como motor de evolución, lo que da lugar al surgimiento del *Homo faber* (Marx, 2017), es decir, el ser humano que hace, que fabrica. Se trata, por tanto, de una etapa marcada por un desarrollo tecnológico útil pero incipiente mediante lo que Toffler (1993) denomina como "invenciones necesarias", con potencial para optimizar la vida humana, pero de carácter todavía primitivo y rudimentario.

En cambio, la segunda ola, protagonizada por la mecanización y la industrialización del siglo XIX, supone una auténtica revolución. En esta etapa el desarrollo tecnológico provoca una transformación radical de la forma de vida humana, alterando irreversiblemente el orden social imperante (Durkheim, 1982), pero también la conducta, los valores y los patrones de pensamiento e interacción humanos (Gramsci, 1980). Ahora la simbiosis entre el ser humano y la tecnología ya no se limita a las herramientas simples y artesanales de etapas anteriores, sino que inicia el sistema "ser humano-máquina". Esto surte importantes efectos en la identidad humana, que avanza hacia lo que Arendt (2003) califica como *Homo laborans*, es decir, el ser humano que trabaja. Para quien el trabajo, entendido como actividad productiva enmarcada en el sistema capitalista, forma el núcleo de su identidad. Lejos de ser trivial, este cambio constituye una auténtica metamorfosis que evidencia que, en tanto revolución, esta segunda ola trascendió los efectos de su predecesora. Por primera vez en la historia, el ser humano ya no es necesariamente quien fabrica, sino que también la tecnología puede hacerlo mediante el surgimiento de lo que Toffler (1993) denomina como "máquinas-herramientas" destinadas a generar nuevas máquinas. La simbiosis pasa en este momento, si bien de forma velada y subrepticia, a inclinar la balanza hacia el lado de la tecnología.

El aludido fenómeno se agudiza todavía más con el advenimiento de la tercera ola, que podemos circunscribir a la irrupción de las tecnologías de la información y la comunicación, la computación e Internet. Una vez más, estos cambios alteran significativamente la vida humana, provocando el surgimiento de nuevas identidades como el *Homo videns* (Sartori, 1998) para quien el lenguaje visual cobra mayor sentido que otro tipo de lenguajes, desbancando la supremacía del lenguaje verbal. Un ser humano concebido como mero espectador de una sociedad cada vez más dominada por los medios. Quien es sucedido, según Molinuevo (2006), por el *Homo navigator*, que ya no solo recibe los mensajes de los medios, sino que accede e interactúa con ellos, contribuyendo a extender y legitimar el ecosistema digital.

En este escenario, nuevas tecnologías, más sofisticadas y complejas, aparecen y se generalizan progresivamente moldeando la conducta y el pensamiento humano a imagen y semejanza de un mundo que cada vez se torna más artificial (más digital) y menos natural. Con ello irrumpe la cuarta ola de transformación (Schwab, 2016) vertebrada en torno a la adopción de la robótica, la biotecnología, el Internet de las cosas (*Internet of Things* o IoT en inglés) y la Inteligencia Artificial (IA) concebida en la actualidad como tabla de salvación. La pregunta es ¿para quién? Analizando el devenir de los acontecimientos históricos anteriormente enunciados se aprecia que, tradicionalmente, la tecnología siempre ha estado al servicio de la humanidad, facilitando y optimizando las condiciones de vida de las personas. No obstante, la tecnología nunca es neutral, sino que comporta aparejada una ideología y una forma de organización de la vida humana (Quintanilla, 2005). Así, revolución tras revolución, la tecnología ha marcado y determinado el desarrollo humano, y con ello la identidad de las personas y el lugar y posición que el ser humano ostenta en el mundo.

Ahora bien, ¿qué lugar ocupamos en el mundo? Desde que la ciencia moderna y las luces de la razón desterraron el oscurantismo del teocentrismo, el ser humano ha venido ostentando un papel protagonista. Tras la "muerte" de Dios son dos los escenarios que se presentan: o bien reforzar nuestra posición en el mundo, erigiéndonos en el *Übermensch* propuesto por Nietzsche (2003), o bien ocupar directamente el vacío (auto) ascendiendo a dioses, tal y como propone Harari (2016) al anunciar la transformación del *Homo sapiens* al *Homo Deus*. En ambos casos, el epicentro del mundo es común: la humanidad. En virtud de esta premisa, es precisamente el avance de la ciencia y de la tecnología lo que ha permitido la conquista del mundo por parte del ser humano desplazando el centro desde los dioses, a Dios y finalmente a la humanidad.

En estas circunstancias, ¿debemos asumir que aquí acaba la historia? Ante esta pregunta, el refranero popular, en una frase erróneamente atribuida a Schopenhauer, nos indica que el cambio es la única cosa inmutable. *Dictum* que vemos perfectamente reflejado en la liquidez de la sociedad actual, donde todo muta rápidamente. Entonces ¿qué ocurrirá cuando la evolución siga su curso, cuando nos veamos interpelados (o arrastrados) por nuevas oleadas de transformación tecnológica?, ¿podría la "fiel" tecnología pasar de aliada a enemiga de la hegemonía antropocéntrica? Ante esta cuestión, el Doctor Nemrod Carrasco, asesor filosófico de la popular serie *Merlí*, defiende que "no hay ningún centro que sea inmutable" (Torres, 2024). ¿Puede, por tanto, convertirse la máquina en el último eslabón de la sucesión anterior? A esta tesis apunta Williams (2021) en su obra *Clics contra la humanidad*, que incide en que el "centro" de nuestro mundo y de nuestras vidas es cada vez menos humano y más tecnológico. Planteamiento que pone en jaque la idea de simbiosis perfecta entre tecnología y humanidad que ha imperado tradicionalmente, como ya lo hiciera en el 96 el superordenador Deep Blue de IBM contra el famoso ajedrecista Garry Kasparov.

Atendiendo a la información expuesta nos preguntamos: ¿qué relación impera en la actualidad entre el ser humano y la tecnología? ¿Pervive la simbiosis perfecta o avanzamos hacia una parasitosis o, incluso, hacia la fagocitación total de la humanidad por el algoritmo, como ya pronosticara Mattelart (2002)? En definitiva, ¿podemos seguir hablando de "tecnología y humanidad", o este binomio está siendo desplazado por el de "tecnología versus humanidad" propuesto por Leonhard (2018)? La respuesta a esta pregunta es tan compleja e inextricable como la propia condición humana. En el devenir del tiempo, la humanidad y la tecnología han venido protagonizando una historia compartida. En la actualidad, y a la luz de la profunda revolución digital acontecida en los últimos años, este vínculo es más íntimo que nunca. Premisa que lleva a algunos autores, como Warwich (2016), a anunciar la aparición de una nueva especie: el *Homo Technologicus*. Esta realidad trasciende el uso de la sofisticada tecnología digital por parte del *Homo sapiens* para encarnarse en una nueva especie de homínido transformada por la propia tecnología que creó, al igual que los primigenios protagonistas de *2001- Una Odisea del espacio* fueron "rehechos por sus propias herramientas", como anticipábamos en la cita que abre este epígrafe. Y en un mundo en el que, cada vez más, la ficción futurista se convierte en evidencia científica Neuralink nos ofrece el exponente perfecto de la tecno-metamorfosis del ser humano. La prueba de cómo la realidad, e incluso la propia humanidad, es cada vez menos humana y más digital.

Los recientes y acelerados avances en campos como la robótica o la Inteligencia Artificial están siendo responsables de convertir en hechos lo que hasta hace muy poco eran sueños o pesadillas de la *Future Sci-Fi*. Tecnófilos y tecnófobos encuentran hoy más que nunca el ecosistema digital perfecto para hacer florecer su imaginación, pero también sus reflexiones y sus análisis en torno a un eje común: ¿somos todavía los seres humanos quienes incorporamos la tecnología a nuestro mundo o es más bien un mundo cada vez más tecnológico quien incorpora, pero a veces también desincorpora y excluye, a las personas? En otras palabras: ¿quién domina ahora la partida?

Sin entrar en discusiones transhumanistas, resulta evidente que la vida humana está hoy más que nunca mediatizada por los cambios tecnológicos. Hasta el punto que la tradicional simbiosis establecida entre los dos organismos ha derivado progresivamente en una mayor dependencia del ser humano respecto a la tecnología, ya no solo para tareas relacionadas con la esfera productiva, sino para cualquier aspecto de la vida cotidiana, por trivial y superfluo que parezca. Desde pedir cita en el médico o gestionar trámites bancarios, hasta hacer la compra, leer la prensa, hablar con amistades, o "asomarnos" a la vida de prójimos y lejanos a través de una red social. Todas ellas son actividades que, cada vez más, desarrollamos a través o mediatizadas por una herramienta o artefacto tecnológico. A la luz de estos acontecimientos, resulta indudable que se está produciendo un cambio en la naturaleza de la relación tradicional entre el ser humano y la tecnología o, al menos, que se está generando un desplazamiento de los focos de poder y legitimidad.

Tomando en consideración estas transformaciones, y en una postura radical de la antropología ciborg, Case (2015) enfatiza que los seres humanos estamos llegando a cotas álgidas de incorporación e interiorización tecnológica, hasta el punto que hemos adquirido comportamientos propios de los ciborgs sin necesidad explícita de que se produzca una fusión o conexión directa entre nuestro cerebro y la tecnología, como el que persigue Neuralink. La autora sostiene que los *Smartphones* ya funcionan como prótesis que amplían y optimizan las capacidades humanas. Lo que, en cierta forma, nos convierte en ciborgs cotidianos que no solo dependemos cada vez más de los citados artefactos tecnológicos, sino que pensamos y actuamos mediatizados por ellos. Ante este tipo de propuestas, nos preguntamos: ¿será entonces la reciente prohibición del uso de móviles en instituciones educativas un ejercicio de resistencia frente a la ciberconversión? Sin lugar a dudas, este planteamiento recuerda a la propuesta de Sartori (1998) sobre la necesidad de vetar los televisores y los procesadores de las aulas. Como uno de los motivos para justificar esta tesis argumentaba el autor que la irrupción del *Homo digitalis* estaba atrofiando las capacidades características del *Homo prensilis*, que son precisamente las que habían erigido al ser humano como *Homo faber*. Al hilo de estas cuestiones, en una conversación reciente con una maestra que imparte clases en el primer curso de Educación Primaria esta se lamentaba de que el nivel de psicomotricidad fina de su alumnado actual era inferior al que poseían los de hace unos años cuando estaban en Educación Infantil. También en una investigación reciente (Pardo Baldoví, 2022) otra docente, en este caso especialista de Pedagogía Terapéutica, se manifestaba en términos similares remarcando lo siguiente:

> Yo pienso que la tecnología está acabando con la motricidad fina de los niños. Y es así de triste. Con la fina por todo el tema de

pegar gomets, recortar, rasgar... Y con la gruesa no te digo. Estamos haciéndolos sedentarios totales. Porque no juegan, siempre están con la máquina. Igual soy muy crítica, ¿no? (Docente de Pedagogía Terapéutica[1])

Partiendo de estas reflexiones, y parafraseando a Sartori (1998), conviene preguntarse: ¿no serán las nuevas medidas anti-móviles acciones vanguardistas o, al menos, acciones proteccionistas del *Homo sapiens*, del ser humano? ¿Una especie de "desclicar" a favor de la humanidad, reinterpretando el título de la obra de Williams (2021)? ¿Una mano tendida que espera ser encajada por otra? Pero no por una biónica, hecha de fibras de carbono y controlada electrónicamente mediante Inteligencia Artificial. Sino por una mano de carne y hueso, una mano que palpita, que siente. Una mano que sujeta, que coge, con fuerza para encajar, con capacidad para manipular, con habilidad para hacer un preciso agarre en pinza y para poder escribir y reescribir su historia, una mano prensil como la del *Homo faber*. En definitiva, una mano humana. La mano añorada por las docentes anteriormente citadas. La mano cuyas capacidades viene educando la escuela desde su creación y generalización como institución de transmisión de conocimientos.

Y es precisamente de la "mano" de este último aspecto cuando entra en escena uno de los elementos de la ecuación que, hasta el momento, había quedado al margen de la simbiosis analizada: la transmisión cultural y, ligada a ello, el proceso educativo. No es tanto (o al menos no es solo) la herramienta, la tecnología, lo que permite que el ser humano evolucione y se transforme. De hecho, el *Homo habilis* ya era capaz de crear y manejar herramientas rudimentarias. Pero, pese a considerarse como integrante del género *Homo* y, por tanto, "humano" en cierto grado, no equivale al ser humano actual. ¿Qué es, por tanto, lo que lo diferencia? La respuesta a esta pregunta

1   Las citas que se reproducen en el presente libro proceden del material reco-pilado durante el trabajo de campo de la investigación titulada "Impacto de las plataformas digitales en el profesorado de Educación Infantil y Primaria: la preca-rización del trabajo docente" financiada por el Ministerio de Ciencia, Innovación y Universidades del Gobierno Español con referencia FPU16/04009. La cual aparece citada en el apartado de referencias bibliográficas como Pardo Baldoví (2022).

es la razón. Es decir, la capacidad de discernimiento, de adquirir y generar conocimiento sobre la realidad, de forjar una identidad diferencial y consciente, de tomar decisiones no por instinto sino por elección. En definitiva, ese proceso que en el Génesis se describe como tomar del fruto del árbol del conocimiento y que, pese a los lúgubres vaticinios divinos, no conduciría al ser humano a la muerte, sino a una nueva y reveladora existencia que lo separaría del resto de la creación, del resto de las bestias que todavía viven en la ignorancia. Convirtiendo al ser humano, para siempre, en esa bestia paradójica sobre la que poetizara Machado (2003), un animal absurdo que, ante todo, necesita lógica.

Es la capacidad del *Homo sapiens* de crear, de inventar, de imaginar y de aprender lo que provoca el verdadero salto evolutivo de la humanidad. Su capacidad para comunicarse de forma compleja, para pensar y analizar el mundo en el que vive y, a través de ello, transformarlo. Retomando la cita que abría esta reflexión, y remontándonos con ello al surgimiento (ya no bíblico y filosófico sino científico) de la humanidad, en *2001- Una Odisea del espacio* este fenómeno se relata con las siguientes palabras:

> El primer hombre verdadero tenía herramientas y armas sólo un poco mejores que las de sus antepasados de un millón de siglos atrás, pero podían usarlas con mucha más habilidad. Y en algún momento en los oscuros milenios pasados, habían inventado el instrumento más especial de todos, aún cuando no pudiera ser visto ni tocado. Habían aprendido a hablar, logrando así su primera gran victoria sobre el Tiempo. Ahora, el conocimiento de una generación podía ser transmitido a la siguiente de modo que cada época podía beneficiarse de las que la habían precedido. A diferencia de los animales, que conocían sólo el presente, el hombre había adquirido un pasado, y estaba comenzando a andar a tientas hacia un futuro. (Clarke, 1985, p.15)

En la cultura y en la educación es donde reside la humanidad, y no en la tecnología ni en cualquier otro artificio. Si bien esta última ejerció un papel clave en el proceso de hominización, el de humanización es solo posible a través de la educación. Precisamente porque es el proceso educativo lo que permite que el ser humano desarrolle su capacidad para razonar y reflexionar, y adquiera los elementos culturales necesarios para convivir en sociedad formando su identidad individual y colectiva. Por ello, la escuela, como principal agencia destinada a la educación y a la trasmisión cultural constituye una organización clave en el debate entre ser humano y tecnología, y en la cimentación del futuro de la humanidad.

Si dirigimos la mirada a la escuela, y analizamos su posicionamiento y contribución a la simbiosis que nos ocupa, se aprecian dualidades, tensiones y contradicciones que evidencian la complejidad del fenómeno. En una institución tradicionalmente catalogada como resistente al cambio (Hargreaves y Fullan, 2008) llama poderosamente la atención la asunción, prácticamente acrítica y mayoritaria, de una amplia variedad de tecnologías digitales, desde la televisión y el vídeo en los noventa hasta el *Big Bang* digital de los últimos años que ha llevado a la incorporación a las aulas de las Pizarras Digitales interactivas, los ordenadores portátiles, los Chromebooks, las tabletas digitales o los *eReaders* y *eBooks*. Pero también de las plataformas y las aplicaciones digitales, o incluso la impresión 3D, los drones, los robots y la Inteligencia Artificial. Este fetichismo por lo digital (y consecuentemente por lo visual) no deja de ser chocante en una institución cuyos cimientos y arquitectura parten de lo analógico, y que se vertebra en torno al lenguaje escrito e impreso. Pese a ello, crecen cada vez más las demandas por abrazar el *Visual Thinking* o por la creación de productos digitales, que están desterrando progresivamente a los tradicionales manuales y libros de texto que hasta hace bien poco habían constituido los astros reyes de la cosmología escolar. Ante ello, ya en el siglo pasado Caivano (1985) se preguntaba si no habría que matar a Gutenberg en la escuela. Pero, como contrarrespuesta a esta cuestión nos preguntamos: ¿no estaría actuando así la escuela como un kamikaze?, es decir, ¿puede una institución hija de la lógica Gutenberg matar aquello que le dio origen y sustento sin morir en el intento?

Tal vez la reciente prohibición del uso de teléfonos móviles a la que anteriormente hacíamos referencia sea fruto de una reflexión en torno a este debate, una muestra de que es posible desandar lo andado, desaprender lo aprendido. O tal vez sea, simplemente, un intento a la desesperada por minimizar las distracciones y los usos indebidos por parte del alumnado y por intentar luchar contra el monstruo digital del ciberacoso escolar, optando para ello por la prohibición frente a la educación, pese a que esta última es y debe ser la principal función de la escuela. Pero, con independencia de que la medida sea fruto de uno u otro ejercicio, lo cierto es que constituye una vez más una contradicción sobre el posicionamiento de la escuela ante la tecnología, negando el uso de dispositivos que hasta hace bien poco reclamaba bajo propuestas como *Bring Your Own Device*" (BYOD), promovidas y animadas incluso desde el INTEF (2016).

Tras la información expuesta, una pregunta emerge con fuerza: ¿qué escuela tenemos y qué escuela queremos? ¿Una escuela de niñas y niños o una escuela de ciborgs? ¿Una escuela de vida o una escuela de *bits*? ¿Una escuela para la tecnología o una escuela para la humanidad? Y, más importante todavía: ¿debemos necesariamente escoger entre uno u otro camino? ¿Es posible, si quiera, llegar a prescindir de uno u otro elemento? En respuesta a esta cuestión, Vinge (1993) predijo el momento actual (año 2023 – 2024) como el fin de la era humana, desplazada por lo que denominó como "inteligencia sobrehumana". Este vaticinio ya se ha cumplido en parte, dada la cotidianización y entronización de la Inteligencia Artificial como nuevo emperador digital, especialmente a partir de la generalización del uso de ChatGPT. El cual, en la actualidad, es aclamado como una innovadora y vanguardista herramienta educativa. Si alguien duda de este fenómeno basta con mirar los catálogos ofrecidos por sindicatos y Administraciones Educativas para la formación del profesorado, donde la integración de ChatGPT y de herramientas diversas de IA se ha convertido en la tendencia de moda, ocupando el lugar que hasta hace bien poco ostentaba la gamificación con tecnologías y las múltiples "innovaciones" tecnológicas que la precedieron. Habiéndose cumplido esta parte del vaticinio, queda por ver si es acertado todo el pronóstico. Es decir, si la historia concederá el triunfo definitivo a la máquina sobre la humanidad, convirtiendo así en triunfadores-vencidos a quienes presagiaron este resultado.

Más allá de los pronósticos post-apocalípticos, resulta innegable que nos encontramos en un momento clave de la historia humana y, en particular, de la relación entre humanidad y tecnología. Ante lo cual, hoy más que nunca, resulta imprescindible apelar al tercero de los elementos en discordia: la educación. En un escenario que se torna cada vez más digital emergen muchos temores e incertidumbres, pero también responsabilidades que interpelan especialmente a la esfera educativa y a sus profesionales. Es a ellos, y en particular a las maestras y los maestros tanto en activo como en proceso de formación, a quién va dedicado este libro, que pretende aportar una reflexión sobre la realidad de la escuela y, más concretamente, sobre la figura docente en el actual ecosistema digital.

Para ello, el capítulo primero indaga en las transformaciones que las tecnologías digitales propician sobre la institución escolar. Se plantea que la metamorfosis digital de la escuela fragua en el surgimiento de un ecosistema educativo eminentemente distinto del tradicional, en el cual las tecnologías digitales se convierten en el nuevo epicentro. Este fenómeno redunda en cambios profundos en el trabajo docente y en las formas en las que este es concebido y desarrollado, aspectos que se abordan en el capítulo segundo, centrado en analizar la nueva morfología de trabajo pedagógico. Como todo ecosistema, la escuela digital impone nuevas relaciones y nuevas formas de acción e interacción entre sus habitantes, así como nuevos esquemas de pensamiento y conducta. En definitiva, nuevas formas de significar la escuela, el trabajo docente y el propio profesorado, temas de los que se ocupa el capítulo tercero, que profundiza en la tecno-conversión del profesorado, es decir, en el moldeamiento y la transformación de la subjetividad docente para adaptarla al nuevo ecosistema educativo. En tanto ecosistema, la escuela digital propicia transmutaciones, conversiones y metamorfosis complejas, constituyendo el hábitat perfecto para la aparición y expansión de nuevas especies docentes que ya moran y se extienden en nuestros centros escolares, y que resulta interesante catalogar, describir y repensar. Este es el propósito del capítulo cuarto que, a modo de bestiario, ofrece un compendio de las "especies docentes" que componen la actual escuela digital, entre las cuales destacan los *influencers* educativos o los *community managers*, junto a muchas otras especies, tecnófilas o tecnófobas, que constituyen un ecosistema singular. Finalmente, a modo de epílogo, se ofrece una reflexión sobre la importancia de repensar y cuestionar los usos y fines de las tecnologías digitales en la escuela, en aras de propiciar una educación crítica.

La relación entre el ser humano y la tecnología es fundamental para el devenir de ambos elementos. Como en toda simbiosis, las dos partes entran en relación, se influyen y cambian a raíz de ello. En este sentido, la metamorfosis digital de la esfera educativa no solo redefine el cómo y el para qué aprendemos, sino también el cómo trabajamos, cómo entendemos la educación, cómo significamos la función del profesorado y, en última instancia, incluso quiénes somos. La pregunta ante ello es: ¿qué papel juega el profesorado en este cambio y cómo se transforma también el propio docente en el proceso? Cada nuevo artefacto, cada nueva pantalla, cada nuevo *click* trae consigo no solo nuevas realidades, sino también nuevos interrogantes. ¿Están preparados para disfrutar del viaje y reflexionar sobre todo ello? Les invito, pues, a acompañarme en la travesía por el nuevo ecosistema educativo digital.

CAPÍTULO I

La escuela digital:
un nuevo ecosistema de enseñanza y aprendizaje

Algunas metáforas sobre la sociedad y la vida en tiempos líquidos e intangibles

> El lenguaje es el cimiento de la civilización, lo que une a un pueblo. Es la primera arma usada en un conflicto.
>
> *La llegada.* (Villeneuve, 2016).

La necesidad de comprender y explicar el mundo que habitamos es una característica inherente al ser humano. Como anticipábamos en la introducción, el desarrollo del lenguaje constituyó un hito evolutivo fundamental que permitió al *Homo Sapiens* nombrar y comprender la realidad que le circundaba, comunicarse con los demás y, con ello, generar, trasmitir y perpetuar la cultura. Además, le posibilitó ubicarse en dicha realidad, generar comprensión y conocimiento sobre el lugar concreto que ocupaba en ella y así conocerse y reconocerse, forjando una identidad. En definitiva, y citando una escena de la película *La llegada* (Villeneuve, 2016), el lenguaje constituye el cimiento mismo de la civilización.

El lenguaje, las palabras, no solo da nombre a las cosas, sino que también da voz a las personas, entendida esta no tanto como el sonido producido al hablar, sino como el "poder, facultad, o derecho para hacer" (Real Academia Española, 2023). En línea con estos planteamientos, Kripke (1995) plantea que el nombrar constituye una necesidad humana, es la forma en la que las personas podemos visibilizar y referir nuestra visión y comprensión del mundo, ya sea real o posible. Pero el lenguaje no solo refleja la interpretación del mundo, sino que es una vía para que el sujeto pueda organizar, comprender y significar su propia existencia. Tanto el pensamiento humano, como nuestra propia identidad, se construyen en torno al lenguaje. Lo cual implica que los nombres que otorgamos a las cosas no solo se refieren a estas, sino también a nosotros mismos y a nuestra relación y comprensión de dichas realidades (Wittgenstein, 1999). Por ello, analizar y reflexionar respecto a los nombres con los que tratamos de explicar nuestro mundo actual puede constituir un excelente ejercicio tanto para comprender cómo es este mundo, como para comprender quienes somos dentro del mundo.

Uno de los recursos que más facilita al ser humano el acto de nombrar y comprender su realidad es el empleo de las metáforas. Estas, en tanto lenguaje, denotan y refieren, al tiempo que actúan como mediadoras entre la realidad designada y el sujeto, moldeando la forma en la que percibimos, pensamos, comprendemos y actuamos (Lakoff y Johnson, 2017). Este fenómeno era claramente señalado por Nietzsche (1996) quien, haciendo gala de un lenguaje plagado de metáforas y poesía, planteaba lo siguiente:

> ¿Qué es entonces la verdad? Una hueste en movimiento de metáforas, metonimias, antropomorfismos, en resumidas cuentas, una suma de relaciones humanas que han sido realzadas, extrapoladas, adornadas poética y retóricamente y que, después de un prolongado uso, a un pueblo le parecen fijas, canónicas, obligatorias: las verdades son ilusiones de las que se ha olvidado que lo son, metáforas que se han vuelto gastadas. (p. 25)

Al definir la verdad como un ejército móvil de metáforas, el autor evidencia la construcción discursiva de la realidad y las relaciones de control y de poder que subyacen a este fenómeno. Pero también el constante cambio y evolución del propio mundo y de nuestra visión sobre él, de lo que se deriva la necesidad de nuevas metáforas y el desgaste de las precedentes. Utilizando un lenguaje metafórico podríamos entonces decir que las metáforas son espejos del tiempo, como propone Fernández-Sebastián (2024), o incluso que las metáforas nos piensan, como reivindica Lizcano (2006). En ambos casos, queda claro que las metáforas son mucho más que juegos de palabras, comparaciones o transfiguraciones de sentido. De hecho, en ocasiones, las metáforas logran trascender la comparativa original que las gestó, actuando con entidad propia. En lingüística este fenómeno es denominado como "metáfora fosilizada", aludiendo a la idea de metáforas que han logrado pervivir e incrustarse en nuestro lenguaje y en nuestro pensamiento, a pesar de la pérdida u olvido del referente original. Esta idea apunta a una noción sólida del tiempo, como algo que puede fosilizarse, congelarse. De nuevo un sentido metafórico que no acaba de concordar con los actuales tiempos líquidos e intangibles, donde todo fluye y nada se detiene, donde todo es volátil, ubicuo. Así pues, ¿qué metáforas ilustran nuestro mundo actual?

En la introducción ya hemos recurrido al empleo de metáforas a partir del género *Homo* que diversos autores han acuñado para tratar de explicar los cambios que el continuo desarrollo tecnológico ha provocado sobre la identidad humana. Pero la literatura académica también nos ofrece imágenes de las profundas transformaciones propiciadas por la irrupción de las tecnologías digitales sobre la sociedad y la vida humana que nos pueden ayudar a aproximarnos y a definir nuestro mundo actual.

La aldea global propuesta por McLuhan (1962) fue una de las primeras alegorías que ilustró esta transformación, anunciando la transición hacia un mundo cada vez más pequeño, donde la distancia entre las personas se reducía de forma acelerada. A medida que el espacio virtual se expandía, se difuminaban y derribaban las barreras del espacio físico, dando lugar a un mundo donde lo global y lo local se entretejen, como también señalaran Robertson (1994) o Ritzer (2003) mediante el término "glocalización". Una aldea mundial en la que cualquier persona puede, en cualquier momento y desde cualquier lugar, saber y "seguir" lo que está haciendo o diciendo su "vecino" de las antípodas.

La idea de este "nuevo mundo" radicalmente transformado por la irrupción digital también fue subrayada por metáforas como la sociedad del conocimiento (Drucker, 1969) o la sociedad de la información (Bell, 1973). Estas apuntaban a un importante viraje del modelo social donde lo material y tangible, que venía ostentando la supremacía hasta el momento, estaba siendo progresivamente desplazado por lo intangible, por los datos, dadas las posibilidades ofrecidas por el avance tecnológico. Ambas imágenes, al igual que la de la aldea global, inciden en la visión de un mundo altamente interconectado. Pero plantean un matiz significativo respecto a la tesis de McLuhan (1962), dado que ya no inciden tanto en la relación entre las personas, como en el papel que las tecnologías digitales ostentan como elementos vertebradores de nuestro modelo de vida.

Estos planteamientos también fueron abordados por Castells (2001, 2006) mediante las metáforas de la sociedad red y de la Galaxia Internet. Ambas imágenes, al igual que sus antecesoras, apuntan hacia la centralidad de las tecnologías digitales, anunciando la emergencia de una sociedad "Internet-céntrica". Esto implica reconocer que la conectividad no nos convierte necesariamente en "vecinos", puede facilitar la creación y organización de redes al tiempo que puede individualizarnos y provocar fracturas sociales en un mundo que, además, está en continuo cambio y transformación.

Esta "movilidad" característica de nuestra sociedad también es resaltada por la metáfora de la liquidez expuesta por Bauman (2003), cuya fuerza ha logrado calar no solo en los discursos sobre la comprensión de la postmodernidad, sino también en el imaginario social de nuestra era. En su prolífica obra, el autor (Bauman, 2005, 2006, 2007a, 2007b, 2007c, 2008) expone como la liquidez viene permeando las distintas esferas de nuestra vida, desde la forma de organización y relación social, hasta la concepción del tiempo, del amor, del arte, de los miedos y temores, o de la educación. Su posicionamiento enfatiza la volatilidad, la flexibilidad, el cambio y la aceleración como rasgos característicos de nuestra actual forma de vida.

Ante un mundo tan cambiante y líquido, la incertidumbre inunda la vida de las personas llegando a convertirlas en náufragos a la deriva o en seres que simplemente se dejan arrastrar por la corriente. Fenómeno que es recogido por Lanier (2011) con una nueva metáfora, la del rebaño digital. Esta reformula la alegoría del rebaño desconcertado, propuesta por Lippmann (1965) y desarrollada por Chomsky (2001), para adaptarla a la liquidez de los tiempos digitales. Con ella el autor alude a una sociedad de individuos cegados por el fulgor digital que anteponen la máquina a la persona, el continente al contenido. Una sociedad expuesta a la sobreinformación que abraza y usa las tecnologías digitales de forma acrítica e inconsciente, coartando con ello las potencialidades que dicha tecnología podría ejercer en la optimización de los seres humanos y de sus condiciones de vida.

Ligada a esta idea emerge también la metáfora del enjambre digital, esbozada por Han (2014), que presenta a una sociedad de individuos totalmente seducidos por las mieles de las tecnologías digitales. Como si de un infante con un caramelo se tratase, el encanto digital provoca que los habitantes del enjambre no detecten ni la "colmena" que los deshumaniza, que los reduce, que los aísla; ni tampoco la "abeja reina" que los gobierna, que los controla, que los domina.

Esta visión de una sociedad gobernada y controlada desde las sombras, desde lo oculto, también está patente en la metáfora del panóptico digital de Castells (2017). Retomando las reflexiones de Bentham (2017) y de Foucault (1980) sobre el ojo del poder, el panóptico digital alude a una sociedad sometida a una vigilancia tan permanente y eficaz como invisible y ubicua. Una vigilancia que controla, moldea y disciplina la conducta y la subjetividad humana y que es ejercida de forma omnipresente pero invisible por parte de los propios sujetos dominados, a través de las tecnologías digitales. Un planteamiento que también comparte Han (2021) quien alude a la emergencia de una sociedad en la que cada persona actúa y ejerce como panóptico de sí misma.

La información expuesta hasta el momento evidencia que la generación de metáforas sobre el mundo actual constituye un campo fértil y prolífico. "Aldea global", "sociedad de la información", "sociedad del conocimiento", "sociedad red", "galaxia internet", "sociedad líquida", "rebaño digital", "enjambre digital" o "panóptico digital", todo ello alegorías y transfiguraciones que tratan de explicar las características de nuestra actual existencia. Esta polisemia recuerda a las cavilaciones del protagonista de la novela de Joyce (1995, p.11) cuando afirmaba que "aunque había diferentes nombres para Dios en las distintas lenguas del mundo y aunque Dios entendía lo que le rezaban en todas las lenguas, sin embargo, Dios permanecía siempre el mismo Dios". Así, en un mundo en el que hemos elevado a las tecnologías digitales a posiciones divinas, todas estas metáforas aluden a una realidad común: la de la vida humana en un hábitat donde lo físico y lo digital se entrelazan continuamente. Una era marcada por la liquidez y la incertidumbre, por el cambio, y por la aparición y evolución (acelerada y permanente) de nuevas tecnologías más sofisticadas y avanzadas que se instalan rápidamente en nuestra cotidianeidad, que se tornan necesarias, imprescindibles. Tecnologías que, pese a su potencial revolucionario y transformador, no son percibidas como extrañas o invasoras, sino que de forma veloz se adoptan como elementos naturales de un nuevo hábitat que cada vez más hibrida lo biológico con lo digital.

En tanto fenómeno global, estas transformaciones afectan a las distintas dimensiones y esferas de la vida humana. Las cuales, progresivamente, son colonizadas mediante la adopción de las tecnologías, que imponen formas concretas de hacer, pensar y significar el mundo. La esfera educativa y la escuela no constituyen excepciones al respecto. Más bien al contrario, el nuevo "hábitat" reclama un ecosistema educativo que se adapte a su lógica y características, y que siga transmitiendo de forma eficaz la cultura humana, ahora mediatizada por lo digital y sus valores. Así, emerge una escuela cada vez más digitalizada, no solo por lo que respecta a la implementación de artefactos tecnológicos diversos que se convierten en recursos cotidianos en las aulas, sino también por la entrada en escena de nuevas formas de entender la educación, la misión y función de la institución escolar y el propio trabajo del profesorado. En definitiva, un nuevo ecosistema educativo que denominaremos como "escuela digital". ¿Preparados para explorarlo? Pues allá vamos...

La escuela digital: morfología y fisonomía de un nuevo ecosistema educativo

En una sociedad obsesionada con el progreso y con el futuro como la actual, calan profundamente los discursos que califican a la escuela de ser una institución marcadamente retrógrada. Los cuales, en los últimos años, han sido ampliamente extendidos por la literatura académica. Como ejemplo de ello, a inicios del siglo XXI Monereo y Pozo (2001) se preguntaban ¿en qué siglo vive la escuela? Una cuestión que han tratado de responder distintos autores aludiendo a un modelo de escuela anclado todavía a una lógica organizativa propia del siglo XIX, donde el profesorado utiliza metodologías y propuestas didácticas gestadas en el siglo XX para tratar de enseñar y formar al alumnado del siglo XXI.

Este tipo de narrativas se nutren del propio caldo social descrito en el epígrafe anterior, de ese mundo fascinado y conquistado por la fiebre digital, que impone una especie de dictadura de la novedad. En ella todo pasado se desprecia como mecanismo para validar y legitimar un futuro que todavía está por venir pero que siempre se imagina y se presenta como más brillante y esplendoroso, precisamente por el lustre aportado por el fulgor digital. Un fenómeno que, como señala Martín Barbero (2002), constituye un desdén, e incluso una negación, hacia la memoria, hacia el conocimiento acumulado en el transcurso de la historia, que ahora pierde su valor frente a la innovación y el permanente cambio.

La fuerza y la inercia de estos discursos sobre la escuela caduca, imprimida por su correspondencia con el actual modelo social futurófilo, ha provocado que sean rápidamente asumidos e incorporados al imaginario social y, más concretamente, al imaginario educativo. Para comprobar esta premisa basta con dirigir la mirada hacia las reivindicaciones respecto al modelo de "Aula del futuro", auspiciado por el INTEF a partir de los planteamientos del proyecto *Future Classroom Lab* de la European Schoolnet. En la actualidad, la Red española de centros y embajadores de este proyecto integra a prácticamente 300 instituciones escolares (INTEF, 2024a). Este modelo, vertebrado en torno a la visión de la innovación tecnológica como optimización y actualización educativa, apuesta por incorporar a la escuela los avances tecnológicos más recientes, combinándolos además con la adopción de planteamientos concretos respecto a la organización de los espacios (que se tornan flexibles, abiertos y polivalentes) y del trabajo (que avanza hacia propuestas conectadas con las metodologías activas y competenciales, el enfoque *maker* y construccionista y la cultura DIY).

El modelo de Aula del Futuro constituye en la escena educativa actual un exponente paradigmático de la voluntad por transformar y actualizar la institución escolar para adaptarla a las exigencias y características del nuevo hábitat digital descrito anteriormente. Así como una clara muestra del intento por alejarse de esa concepción retrógrada y desfasada de la escuela. Pero, referentes "modélicos" al margen, nos preguntamos: ¿es tan retrógrada la escuela como se pregona? Para tratar de responder a esta cuestión, en primer lugar, deberemos "asomarnos" a cómo era la escuela del "pasado". Y, para ello, una imagen vale más que mil palabras. Así que tomaremos prestada una fotografía de una escuela de niñas y su maestra ubicada en Torrubia del Campo (Cuenca), procedente del fondo fotográfico *Los legados de la tierra*, de la Consejería de Educación, Ciencia y Cultura de la Junta de Comunidades de Castilla-La Mancha, la cual se muestra en la figura 1.

Figura 1. Maestra con las alumnas en clase.
Fuente: Maestra con las alumnas en clase. 1962. Torrubia del Campo (Cuenca).
Fondo Los Legados de la Tierra. Archivo de la Imagen de Castilla-La Mancha.

Sin lugar a duda, se trata de una bonita imagen que es testimonio de nuestra memoria escolar. Aprovechamos para felicitar y reconocer la magnífica labor realizada en el fondo fotográfico *Los Legados de la Tierra* para recuperar y preservar el patrimonio histórico y cultural, y agradecemos tanto a la entidad como al Ayuntamiento de Torrubia del Campo (Cuenca) su autorización para reproducir la fotografía en esta obra. Dicho esto, ¿qué les parece si jugamos a encontrar las 7 diferencias? Pasemos, pues, a enumerarlas:

1. La diferencia más notable y evidente es que la escuela actual ya no está poblada solo por niñas (o solo por niños), sino que hoy impera el modelo coeducativo. Es justo reconocer que, desafortunadamente, todavía en nuestros días quedan exponentes de esta separación, pero se trata de casos aislados y reducidos, prácticamente anecdóticos. Ya que el modelo mayoritario aboga por una educación en

igualdad y para la igualdad de todas y todos. Sin duda, una diferencia que no es baladí ni insignificante.

2. Siguiendo con la comparativa, otro de los aspectos más visibles en la imagen anterior es la disposición del alumnado. Los pupitres constituyen uno de los elementos más característicos de la escuela "del pasado" hasta el punto que se han convertido en metáfora del modelo tradicional de enseñanza. Frente a este planteamiento, Tonucci (2007) reivindicaba que en algún momento los pupitres florecerían. Hechos de madera basta y robusta, y por tanto imagen de un modelo sólido, cobrarían vida para abrirse hacia una escuela más dinámica. Si bien en las aulas actuales las mesas y las sillas continúan siendo elementos de uso cotidiano, han abandonado su disposición lineal e individual característica para adoptar nuevas posiciones y ensamblajes que propician agrupamientos y formas de trabajo significativamente distintas. Desde el modelo asambleario hasta la disposición en pequeños grupos, la distribución del mobiliario escolar actúa con carácter performativo, moldeando el comportamiento y la acción de docentes y discentes en función del ecosistema educativo vigente.

3. Ligada a esta evolución en la disposición del mobiliario, las aulas actuales también se han revestido de un nuevo "ajuar". En un escenario escolar cada vez más flexible y abierto al cambio no son solo las mesas y las sillas las que se distribuyen de formas diferentes y diversas. Sino que el mobiliario en general adopta nuevos formatos, se repiensa, se reconstruye, se transforma como la propia escuela para adaptarse también a las exigencias del nuevo ecosistema. Esto es visible en la implementación de elementos como las gradas, los pufs, los cojines, las esterillas y las alfombras, etc., que cada vez más constituyen elementos naturales en el mobiliario escolar, que avanza hacia usos polivalentes. También se vislumbra en la creación de rincones o de ambientes de aprendizaje, que no delimitan tanto el

espacio físico del aula como la tipología de trabajo que se realiza, abrazando también la flexibilidad y permitiendo que se trabaje de formas diversas en una misma aula y en un mismo momento. Pero también queda patente en la irrupción de lo que podríamos denominar como "edu-paisajismo" o "edu-arquitectura", es decir, en la metamorfosis de la arquitectura y del diseño escolar para mimetizarse con la liquidez que nos inunda. Una corriente de la que Rosan Bosch (2019, 2022) constituye el máximo referente a través de sus "paisajes de aprendizaje" y su diseño educativo para la incertidumbre.

4. Si continuamos analizando los elementos que pueblan la escuela observaremos que, a diferencia de lo que acontecía en etapas anteriores, en la actualidad, los libros ya no ocupan un papel tan central. Como apuntábamos en la introducción, la institución escolar es hija de la lógica Gutenberg pero, si bien esta todavía continúa presente, ha perdido su anterior hegemonía. En los escenarios más "conservacionistas" los libros físicos son sustituidos por libros digitales que camuflan su permanencia bajo el cambio de formato, al igual que lo hacen las Pizarras Digitales Interactivas con los tradicionales tiza y pizarrón. En estos casos es el propio material el que muta para adaptarse al nuevo ecosistema digital y asegurar su supervivencia. Pero, en otros más extremos, la mutación acaba convirtiéndose en una completa metamorfosis (Area Moreira, 2017), en la cual el concepto tradicional de "libro" (ya sea físico o digital) se sustituye por un amplio abanico de materiales didácticos y objetos de aprendizaje. Esta situación es señalada por la propia Asociación Nacional de Editores de Libros y material de Enseñanza (ANELE), quien reconoce su instinto de supervivencia y adaptación al nuevo ecosistema afirmando lo siguiente:

> Los libros actuales poco o nada tienen que ver con los que existían hace 15 o 20 años. Se adaptan a su entorno social [...] Esa evolución ha aportado un enfoque moderno que

trasciende el concepto tradicional del mismo. Ha dejado de ser un mejor conjunto ordenado de contenidos curriculares para transformarse en un 'conjunto de materiales y recursos educativos', múltiples e integrados en torno a un proyecto editorial pedagógico singular. (ANELE, 2021, p. 8-9)

5. No pasa tampoco desapercibido en este juego de las diferencias que el libro y los materiales didácticos no son los únicos elementos afectados por la metamorfosis digital. Sino que, en tanto fenómeno global, esta impregna a todos los recursos educativos. El tradicional material fungible y los materiales impresos no solo conviven en la escuela actual con todo el arsenal de recursos manipulativos conectados con el enfoque de aprendizaje vivencial, entre los que podemos encontrar desde materiales plásticos y de experimentación, hasta puzles, maquetas, juegos, juguetes e instrumentos diversos; sino también con un amplio abanico de artefactos y dispositivos tecnológicos que crece y se expande a un ritmo acelerado. Las aulas actuales ya no se conciben sin ordenadores (ya sean fijos o portátiles), ni sin proyectores, Pizarras Digitales Interactivas o incluso monitores interactivos. Al igual que tampoco se imaginan ni comprenden sin utilizar una gran variedad de plataformas digitales, como las propias plataformas de las editoriales, pero también las de organización del centro escolar y de gestión de aula, los repositorios y bancos de recursos, las páginas web y los blogs educativos, las plataformas de almacenamiento y de trabajo colaborativo, las aplicaciones de creación y generación de contenidos, o las de comunicación e interacción entre los distintos agentes educativos, ya sean estas públicas (principalmente ofertadas por las Administraciones educativas) o privadas. Todos los recursos digitales mencionados constituyen elementos naturales de la fisonomía escolar. Además de estos, el ecosistema educativo avanza hacia la incorporación de recursos tecnológicos cada vez más sofisticados que están transformando significativamente la

morfología de la escuela como hace unos años lo hicieron los Chromebooks y las tabletas digitales, y actualmente lo hacen los drones, los robots, la impresión 3D, o el *Scratch* y la programación.

6. Hasta el momento nos hemos centrado en analizar los contrastes más evidentes, aquellos que resultan más visibles y que pueden percibirse con la mera observación de la imagen propuesta en la figura 1. Pero, si profundizamos en la comparativa entre la escuela pasada y la actual, ahondando en sus entresijos, podremos apreciar cambios que resultan incluso más significativos. Para ello deberemos recurrir al análisis de las bases mismas del modelo educativo, de sus cimientos, centralizados en la lógica de programación de la enseñanza. En sus orígenes, la misión principal de la escuela fue transmitir saberes instrumentales y básicos para capacitar a la fuerza de trabajo de la nueva sociedad industrial. Con la llegada del siglo XX, y especialmente en sus postrimerías, estos planteamientos fueron dando paso a un enfoque de la programación de la enseñanza más técnico y "científico" fundamentado en la psicología conductista de la mano de los postulados de Bobbitt (1918) o Gagné (1970), y de Skinner (1970) y Tyler (1973). Se instauró así la denominada pedagogía por objetivos, que con la posterior irrupción de los postulados constructivistas se reorientaría para dar también cabida a los contenidos, clasificados según su carácter conceptual, procedimental o actitudinal. Sin embargo, esta lógica de programación difiere sustantivamente de la que rige la escuela actual, donde la pedagogía por objetivos ha sido desplazada por la denominada como "pedagogía competencial". Este enfoque ya no se nutre de los aportes de la psicología, bien sea conductista o constructivista, sino del campo de la economía mediante autores como Delors (1996), Nussbaum (2012) y Sen (1985). Fruto de este viraje, ya no se habla de educación, sino de formación, la cual se exige

que sea útil (Perrenoud, 2008, 2012) y que tenga capacidad para poder ser transferida y exportada a distintos ámbitos (Paltrinieri, 2017). Pese a que esta transformación no logre detectarse en la imagen anterior, supone un cambio radical del modo de entender y desarrollar el proceso educativo o, mejor dicho, el proceso de enseñanza y aprendizaje (disculpen, quise decir la formación y capacitación en competencias clave). Un auténtico giro copernicano que no solo altera la forma (y la lógica) de programar, sino que también afecta sustancialmente al trabajo y a los roles del alumnado y del profesorado. Lo cual da paso a la última de las siete grandes diferencias.

7. Finalmente, la gran metamorfosis del ecosistema educativo digital no es la que atañe a los recursos, ni a los agrupamientos, ni a la organización de los espacios y de las tareas, sino la que supone una transformación holística de las identidades y de las subjetividades de los agentes escolares clásicos, es decir, del alumnado y del profesorado. La nueva lógica de organización de la enseñanza implica la aparición de nuevas tareas y planteamientos que exigen la adopción de roles docentes y discentes radicalmente distintos a los que se venían desarrollando. Esta redefinición también ha sido auspiciada y ampliamente extendida por parte de la literatura académica reciente, que incide en la idea de que el nuevo ecosistema educativo ha dinamitado el monopolio que la escuela y su profesorado venían ostentando desde el siglo XIX como institución y agentes guardianes del conocimiento para transitar hacia un escenario en el que, día a día, crecen y se multiplican los competidores (Viñals Blanco y Cuenca Amigo, 2016). En este hábitat el profesorado ya no es agente único de conocimiento y, en ocasiones, ni siquiera se concibe como un transmisor del saber fiable y válido, ante un ecosistema educativo que alaba y entroniza el potencial educativo de las tecnologías digitales y que, paralelamente, cuestiona de forma constante el saber y la profesionalidad docente.

Esto ha provocado cierta pérdida de la legitimidad del profesorado, desplazándolo de agente principal y vertebrador de la escuela a ser considerado como un "recurso" más de aprendizaje, "superior" al libro digital y a muchos otros materiales didácticos, pero con menor influencia y estatus que el omnisciente Google y ahora que el todopoderoso ChatGPT. Se ha resentido su legitimidad, así como su misión y su función tradicional, forzándole también a él (al igual que aconteciera con el resto de recursos) a mutar para sobrevivir en el nuevo ecosistema, para intentar salvarse de la extinción, de ser sustituido por una plataforma de personalización de aprendizaje. Esta metamorfosis docente pasa por adoptar un rol de animador, de guía, de dinamizador y facilitador de los aprendizajes del alumnado. El punto álgido de esta reconceptualización se materializa en la emergencia de identidades como la del *influencer* educativo y su derivado *TeachToker*, que presentaremos en el bestiario del capítulo cuarto. Por su parte, el alumnado pasa a ser concebido como un sujeto activo, autónomo, que debe desarrollar sus competencias y construir sus propios aprendizajes, mutando también su rol. En definitiva, una metamorfosis global y radical que desplaza el foco de atención desde el enseñar hacia el aprender, desde el profesorado hacia el alumnado, pero también desde el saber hacia el hacer, desde el conocimiento hacia el desempeño. Ante ello nos preguntamos, ¿implica, pues, este proceso una transición desde la escuela para el *Homo Sapiens* a la escuela para el *Homo Habilis*? En este caso no podríamos hablar de transición, sino de involución. Pero ya avisó Kafka (2011) de que las metamorfosis no implican necesariamente la adopción de una forma de vida más sofisticada ni "superior". Así que invitamos al lector o lectora a que siga reflexionando sobre estos aspectos.

Las 7 diferencias expuestas hasta el momento suponen un auténtico jaque mate contra la declaración que equipara a la escuela actual con la del siglo XIX o incluso con la del XX, que presenta estos modelos no como coetáneos, pero sí como correspondientes. Y, por consiguiente, descarta las tesis que atacan y machacan a la institución escolar y al trabajo de su profesorado, tildándolos de retrógrados y obsoletos. Sin lugar a dudas, la escuela actual no solo es eminentemente distinta de su noción primigenia, sino también de modelos más jóvenes, vigentes hace solo unas décadas. Lo que constituye un claro reflejo del carácter de la escuela como construcción social, y de la importancia que las tecnologías digitales ostentan en nuestro actual modelo de vida. Estas están presentes y naturalizadas tanto en nuestra cotidianeidad como en nuestra escuela, sin dejar por ello de generarnos dudas e incertidumbres, de plantearnos dificultades y retos, en definitiva, de facilitarnos y optimizarnos la vida al tiempo que nos la enredan y complican.

Emerge así un modelo de escuela que hemos denominado como "escuela digital" pero que bien podría citarse con otros calificativos, tal y como en el epígrafe anterior señalábamos con las metáforas sobre la propia sociedad. Entre ellos, la literatura académica remite al de "escuela de las tecnologías" (San Martín, 1995), "escuela del siglo XXI" (Fernández Enguita, 2018), "escuela enredada" (San Martín, 2009), "escuela uberizada" (Pardo Baldoví et al., 2018), "escuela Netflix" (Roberts-Mahoney et al., 2016), "escuela inteligente" (Lee & Lee, 2024) o "escuela de las plataformas" (Pardo Baldoví, 2022). De nuevo nombres distintos para aludir a una misma realidad: la de una escuela que, al igual que el hábitat que la gesta, se caracteriza por la hibridación entre lo físico y lo digital, y en la que este último aspecto va ganándole cada vez más la partida al primero. Un ecosistema educativo, nuevo y singular, tan líquido, flexible e incierto como el propio mundo que habitamos. Y en el que las tecnologías ostentan cada vez más el mismo protagonismo del que ya gozan a nivel social: el de deidades del nuevo Panteón, el de abejas reina del enjambre digital. Así que abran paso a sus Majestades. Ya saben que cuando alguien ocupa el trono es difícil su abandono.

El papel de las tecnologías en el nuevo ecosistema educativo: honor y gloria al Rey Midas digital

Como venimos señalando, en la escuela actual el profesorado trabaja de forma cotidiana con tecnologías digitales. En el breve transcurso de dos décadas estas se han convertido en recursos educativos imprescindibles y cada vez más presentes, ya no solo en la gestión y organización de los centros escolares (dimensiones que se ejecutan prácticamente en su totalidad a través de plataformas digitales), sino también en aquellas tareas que se desarrollan con el alumnado y con otros agentes educativos, como son las familias.

No obstante, entender la escuela digital como nuevo ecosistema educativo implica aceptar que la transformación supone mucho más que la mera introducción de artefactos tecnológicos, por sofisticados y "progresistas" que estos sean. Incluso trasciende la articulación de nuevas prácticas y la irrupción de nuevos principios axiológicos que guían el trabajo de alumnado y profesorado. La escuela digital constituye una forma significativamente distinta de "vivir" la escuela que logra impregnar hasta los espacios más recónditos e íntimos, que conquista y penetra no solo en lo superficial, sino también en lo más inaccesible. En tanto ecosistema educativo del nuevo hábitat social, la escuela digital no solo cambia los recursos, sino también la forma de pensar, hacer y significar la institución escolar. Y, por tanto, la propia identidad y subjetividad del profesorado, que ahora es moldeada para adaptarse a las condiciones de vida impuestas por el nuevo ecosistema.

Más arriba planteábamos que en este nuevo modelo de escuela las tecnologías digitales constituyen el epicentro, ocupando el lugar y la posición reservados para el docente en el modelo tradicional. Esto se aprecia claramente en los ya citados intentos del INTEF para que los centros escolares abracen el modelo de Aula del Futuro, pero también en el trasfondo de su publicación de "Experiencias Educativas Inspiradoras para el aprendizaje" (INTEF,

2023a), o en la oferta de formación para transformar a los docentes en *Community Managers* educativos (INTEF, 2021). Pero, en tanto ecosistema, no solo es la Administración Educativa quien promueve la metamorfosis digital del profesorado, sino que se trata de un fenómeno global al que contribuyen agencias y agentes diversos. Ejemplos de ello son las organizaciones supranacionales, como la OCDE (2021), que anima al profesorado a digitalizarse mediante la implementación en el aula de una amplia variedad de tecnologías con altos niveles de sofisticación, como la robótica, el *blockchain* o la Inteligencia Artificial. También el conocido como Foro de Davos (Foro Económico Mundial) que augura y reivindica una nueva era educativa Netflix (Hansen, 2018), o el Banco Mundial, que exige la adaptación de la escuela al rápido cambio tecnológico como motor para "acelerar" el aprendizaje (Banco Mundial, 2023). A ellos se añade, una vez más, gran parte de la literatura académica reciente, que actúa como altavoz de estas tesis transformistas.

Ahora bien, ¿qué papel juegan las tecnologías digitales en la escuela según la visión del profesorado? Para dar respuesta a esta cuestión, la mejor opción es preguntarles directamente. Esta ha sido una de las tareas acometidas en el ya citado Proyecto de Investigación (véase nota de la página 27). Como parte del trabajo de campo se mantuvieron entrevistas individuales en profundidad con un total de 23 profesionales de la educación en las que se registraron 1.071 minutos de grabación, equivalentes a 18 horas, a partir de los cuales se obtuvo una transcripción de aproximadamente 500 páginas. El objetivo de estas entrevistas era indagar en el proceso de metamorfosis que el profesorado está experimentando para adaptarse a la escuela digital, y conocer su visión y perspectiva respecto al papel y el impacto que las tecnologías digitales desempeñan en la escuela actual. Por ello, al final de la entrevista se solicitaba a los docentes que asociaran una palabra a la implementación de las tecnologías digitales en la escuela, obteniéndose los resultados que se muestran en la figura 2, donde aparecen los distintos conceptos propuestos por el profesorado, representándose los más repetidos en un tamaño superior al resto. Si bien se trata de una muestra reducida, sobre la que no se puede generalizar, analizar estas concepciones puede ayudarnos a pensar el papel que las tecnologías digitales ostentan en la escuela actual y aproximarnos a las cosmovisiones del profesorado.

Figura 2. Conceptos que el profesorado asocia con la escuela digital

El esquema anterior refleja que el profesorado vincula la escuela digital con conceptos que pueden clasificarse según tres ámbitos distintos, aspecto que en la imagen ha sido representado siguiendo un código de colores. Como caso aislado, plasmado en color naranja y distanciado del resto, se observa la asociación realizada por una maestra que considera que la implementación de tecnologías digitales en la escuela va en detrimento de la inclusión educativa. Esta docente mantenía que, lejos de facilitar la igualdad, las tecnologías acentúan la fractura y la división, tanto del propio alumnado como del profesorado, avanzando hacia culturas de trabajo cada vez más individualistas. Junto a ello, la docente también aludía a las brechas y a las desigualdades, bien sea en el acceso a los recursos digitales como en el manejo y dominio de los mismos. No obstante, exceptuando esta visión negativa de la escuela digital, el resto del profesorado participante asocia la introducción de tecnologías digitales en los centros escolares a conceptos con connotación positiva, diferenciándose dos ámbitos o corrientes distintas.

Por un lado, algunos docentes atribuyen a las tecnologías digitales un impacto positivo sobre el aprendizaje, argumentando que su introducción en las aulas puede facilitar e incrementar el interés del alumnado y, especialmente, su motivación. Estos conceptos, señalados en color verde, se corresponden con la reconceptualización de los roles y de la función de docentes y discentes a la que hacíamos referencia en la "séptima diferencia" del epígrafe anterior. En un ecosistema educativo donde el profesorado debe actuar como animador y dinamizador, erigiéndose en una especie de "encantador de serpientes", la magia digital puede contribuir a perpetuar este hechizo, como relataba una de las docentes afirmando que "por mucho material manipulativo que tú te prepares nunca va a superar a la tecnología y a la magia entre comillas de eso" (Entrevista a una docente especialista de inglés). En este sentido, si bien estas asociaciones se vertebran en torno a una visión positiva de las tecnologías digitales y contribuyen a extender la tecnofilia escolar, apuntan a cierta instrumentalización o al menos a un uso efectista y limitante de estos recursos. Dado que no se aprovecha su verdadero potencial, sino que, más bien, constituyen meros ejercicios de prestidigitación e ilusionismo, destinados a entretener y manejar al rebaño digital, tal y como denunciara Lanier (2011).

Junto a este grupo de asociaciones emerge otra tipología que se corresponde con la visión mayoritaria del profesorado. La cual es, además, la más optimista y abiertamente pro-digital. El grueso de los docentes vincula la escuela digital con la innovación y la optimización educativa, reproduciendo el discurso tecnófilo y futurófilo al que apuntábamos anteriormente. Estos calificativos, que en el esquema se representan en azul, conciben las tecnologías digitales como una oportunidad para el avance y el progreso, identificando la escuela digital con la escuela del futuro. Este planteamiento se aprecia claramente en algunos de los extractos de las entrevistas, por ejemplo, cuando una maestra de quinto de Primaria señalaba que la tecnología le da "alas para volar. Me deja volar, hacer cosas que un libro no te deja hacer porque es cerrado. Pues las tecnologías me dan la posibilidad de poder hacer lo que se me ocurra por la cabeza. Alas. Libertad. Libertad" (Entrevista a una docente tutora de quinto de Primaria). O cuando otro maestro declaraba que la tecnología es "Libertad. Yo creo que es libertad la palabra. Te da libertad, te ofrece libertad. Y la libertad es la solución. Al tenerlo todo en el bolsillo puedes trabajar cualquier contenido de cualquier manera" (Entrevista a un docente director de centro).

Las asociaciones que el profesorado establece entre las tecnologías digitales y la innovación, actualización y optimización del proceso educativo constituyen una muestra más de la asunción de las narrativas tecnófilas que rigen el plano social. Evidencian que los docentes han interiorizado la visión hegemónica que identifica como modelo óptimo el de una escuela que introduce y utiliza el máximo de tecnologías posibles, frente a la visión obsoleta, retrógrada y caduca que subyace a otros modelos más analógicos. Esto constituye un claro reflejo de que las tecnologías digitales se están convirtiendo cada vez más en la pieza clave de la escuela actual, hasta el punto que el profesorado les atribuye mayor potencial innovador (y cognitivo) que al resto de recursos educativos. Este fenómeno se reflejaba en la comparativa de la maestra citada anteriormente respecto al libro, concebido como cerrado y limitante, versus la tecnología, asociada con la libertad total. Pero también cuando otros docentes reivindican la escuela digital como opción óptima y única legítima, argumentando que es esencial implementar las tecnologías digitales en las aulas porque son "la plasmación de la inteligencia humana, el futuro de la humanidad" (Entrevista docente especialista de

Pedagogía Terapéutica), o porque son el "progreso… como abrir una ventana al mundo exterior" (Entrevista docente de Infantil). El trasfondo de todas estas afirmaciones es común: la entronización de las tecnologías digitales como innovaciones de *per se*, no como un medio para favorecer el aprendizaje, sino como un fin en sí mismas. Lo que se corresponde con la tesis mantenida por Kaplún (2001) sobre el currículum oculto de las tecnologías digitales, que comportan asociadas unas concepciones, principios y usos con potencial autolegitimador.

Remitiendo una vez más al carácter performativo del lenguaje, en tanto instrumento de articulación del pensamiento humano, las asociaciones anteriores no solo constituyen un ejemplo del triunfo del tecnodiscurso en la escena educativa actual, sino que también apuntan hacia un proceso de "tecno-conversión" del profesorado, y de su identidad y subjetividad. Esto refuerza una vez más la tesis mantenida anteriormente respecto al calado global de la metamorfosis digital de la escuela, de la cual no logra escapar ningún elemento, ni inanimado, ni vivo. Como si de una especie de Rey Midas se tratara, la metamorfosis digital transforma todo lo que "toca" impregnándolo con el resplandor y el brillo del fulgor digital. Se teje así una suerte de fascinación que afecta a los cimientos mismos de la escuela, a las formas de concebir, plantear y ejercer la enseñanza, e incluso al propio sentido y significado de la figura docente.

Pero no debemos olvidar que, aunque cada vez más minoritarias y opacadas por la fuerza del fulgor digital, todavía existen voces que claman en la aridez de la prácticamente desierta escuela analógica, como lo hacía la maestra que apuntaba a la escuela digital como modelo antagónico a la educación inclusiva. Estas voces coinciden en que las tecnologías digitales se alzan, hoy por hoy, como las soberanas de la escuela. Pero discrepan respecto a que actúen como un Rey Midas. Más bien al contrario, apuntan a que el pretendido esplendor emana de la orquestación de una falacia mediante la cual las tecnologías digitales actúan como una suerte de traje del nuevo emperador digital, presentándonos como mejora y progreso lo que no es más que un truco efectista, o incluso una distracción y un desviamiento de la que debe ser la función principal de la escuela: la educación integral del alumnado.

La existencia de estas discrepancias constituye un indicador de que en la escuela actual no todas las identidades docentes son tan tecnófilas y futurófilas como el discurso hegemónico pregona. Continúa existiendo profesorado que, aparentemente, ni siente ni padece la metamorfosis digital y que podríamos denominar como "docentes neutrales". Otros, en cambio, se enfrentan a ella cara a cara, ya sea mostrando temor, como los "docentes analógicos", o prestando oposición, como los "docentes resistentes". Todas estas identidades también serán compendiadas y abordadas en nuestro bestiario del capítulo cuarto. Pero ni siquiera su carácter singular, su condición de *rara avis* en el ecosistema educativo digital, las exime de la fuerza de la metamorfosis digital. Dado que, tal y como venimos señalando, en tanto ecosistema la escuela digital constituye la nueva forma de habitar la escuela. El profesorado actual es una "especie" que, con independencia de sus filias o fobias, debe convivir y trabajar necesariamente con las tecnologías digitales (dado que algunas de ellas incluso son de uso prescriptivo por parte de la Administración educativa). Por lo que toda identidad se ve empujada por la metamorfosis digital, pudiéndose materializar esta transformación como alegre rendición, pero también como aparente indiferencia, como inseguridad o como renuencia. En definitiva, en la escuela digital, nada ni nadie escapa a la tecnoconversión, como abordaremos en el capítulo tercero. Ahora bien, ¿qué transformaciones propician las tecnologías digitales sobre el trabajo docente?, ¿qué supone trabajar y (sobre)vivir en la escuela digital? En última instancia, ¿qué condiciones de vida ofrece el nuevo ecosistema educativo al profesorado? En el próximo capítulo trataremos de aportar alguna luz al respecto.

CAPÍTULO II

Trabajar y sobrevivir en la escuela digital: condiciones de la "vida docente" en el nuevo ecosistema educativo

Una nueva morfología de trabajo docente, para un nuevo ecosistema educativo

> Ocurre que el tiempo se me huye entre los dedos, no porque lo esté perdiendo sino todo lo contrario, porque le pongo tantas cosas adentro que al final se me rompe.

> Cortázar (2012, p. 431).

La irrupción y generalización de las tecnologías digitales en las distintas esferas sociales está provocando la emergencia de nuevos paisajes caracterizados por la flexibilidad, la incertidumbre y la desregulación. Estos fenómenos impregnan todas las dimensiones de la vida humana, entre ellas el trabajo, que avanza hacia nuevas geografías de la precariedad (Ross, 2008), es decir, hacia nuevas formas y maneras de experimentar la precarización (Antunes, 2012). Atendiendo a esta premisa, Moruno (2018) plantea que nos encontramos en una transición del modelo de trabajo, no hacia una mera mutación, sino hacia su descomposición. Este hecho se deriva de que el trabajo ha abrazado la flexibilidad y la liquidez que inundan nuestras vidas y, con ello, ha derribado el tradicional dique que venía protegiendo y separando el "tiempo de trabajo" del "tiempo de vida", para fusionarlos, amalgamarlos. Emerge así un nuevo paradigma laboral y vital en el que el tiempo se nos escape continuamente. Aunque, paradójicamente, lo llenemos y lo estiremos al máximo de nuestras posibilidades, como si de los versos de Cortázar con los que abrimos este capítulo se tratara.

Ante este escenario nos preguntamos: ¿qué condiciones depara la escuela digital para el profesorado? Esta es una institución de enseñanza y aprendizaje. Pero, para los docentes también es una organización laboral, el lugar en el que desempeñan su trabajo. En tanto trabajo, la docencia está mediatizada por los valores que gravitan en la esfera laboral y en la esfera vital en general. El nuevo ecosistema educativo reclama un modelo de docente que trabaje (y que piense y que actúe) de forma distinta. Lo cual apunta a que también el trabajo que se desarrollará en la escuela digital será diferente. Esto remite a una transformación radical no solo de los trabajadores, es decir, del profesorado, y de las tareas que estos realizan en la escuela, sino también de la propia noción de trabajo docente en sí misma.

Para tratar de analizar estos fenómenos en el presente capítulo tomaremos como punto de partida una obra que ya es considerada como un clásico, pero cuyo autor constituye un referente para indagar sobre la figura y el trabajo docente: *Profesorado, cultura y postmodernidad: cambian los tiempos, cambia el profesorado*, de Andy Hargreaves (1996). Partiendo de sus planteamientos, analizaremos las dos dimensiones del cambio del trabajo docente: las tareas (actividades y requerimientos exigidos al profesorado) y el tiempo (las formas de estructuración y de regulación del trabajo), con la finalidad de explorar las características de la morfología de trabajo docente reclamada por el nuevo ecosistema educativo.

Nuevas tareas para un trabajo docente sin fin

En el trascurso de la historia la escuela ha ido abrazando nuevos recursos que han provocado que el profesorado y su trabajo se adapten y adecúen para darles acogida. Cada tipología exige la adquisición de conocimientos y destrezas concretas, así como la adopción de determinadas prácticas de uso. Situación a la que no escapan las tecnologías digitales cuya implementación en las aulas plantea retos al profesorado que se traducen en nuevas necesidades y tareas.

Con la generalización digital en la escuela algunas de las tareas clásicas se han reformulado para adaptarse a la mutación de formato. Un claro ejemplo de ello es la típica de "pasar lista" que anteriormente se hacía a mano con el listado del alumnado, cuyos resultados serían posteriormente trasladados al boletín trimestral, también de confección manual. Con la llegada de la ofimática estos aspectos se informatizaron siguiendo el mismo procedimiento, pero ahora con un procesador de texto y una impresora. Nuevos artefactos tecnológicos aparecerían posteriormente para sofisticar el proceso, como los llamados "tamagotchi anti-novillos", un Sistema de Gestión de Centros informático ideado por Tecnausa que permitía gestionar las ausencias (y muchas otras tareas docentes) mediante un dispositivo digital (conocido como Tamagotchi) cuyos datos eran vaciados en la web de la citada empresa. Fenómeno que alcanzaría su punto álgido (al menos hasta el momento) con la aparición de las plataformas y aplicaciones digitales para la gestión de centros y de aula, ya sean las de pago, entre las cuales destaca iDoceo para estos fines; las que combinan el control del absentismo con la gamificación, como ClassDojo; o incluso las ofrecidas por las Administraciones Educativas (y de uso prescriptivo para los centros escolares).

El ejemplo citado ilustra claramente que las tareas y el trabajo docente están experimentando un proceso de tecno-conversión. No obstante, la digitalización del trabajo del profesorado trasciende el mero cambio de formato. De ella se derivan la aparición de nuevas tareas que requieren la atención, el tiempo y el esfuerzo de los docentes. Entre las cuales podemos destacar, principalmente, las tipologías reflejadas en la figura 3.

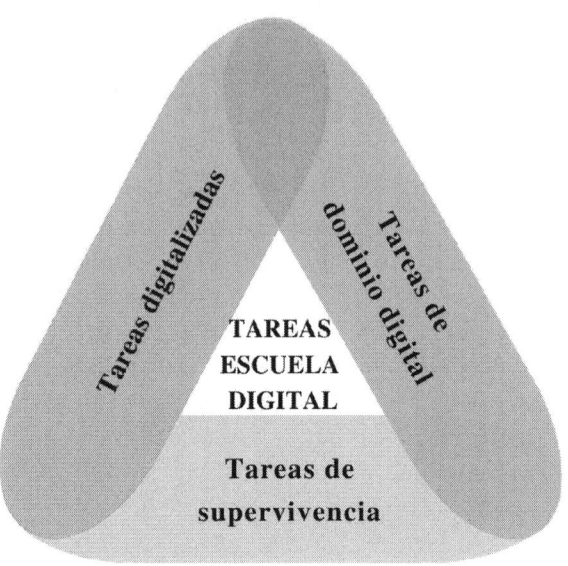

**TAREAS
ESCUELA
DIGITAL**

Tareas digitalizadas

Tareas de dominio digital

**Tareas de
supervivencia**

Figura 3. Tipologías de nuevas tareas emergentes derivadas de la digitalización
del trabajo docente

Como venimos señalando, una tipología está conformada por lo que denominamos como "tareas digitalizadas", que remite a aquellas que se han reconvertido y reformateado a la luz de las tecnologías digitales. En estas el artefacto digital propicia la metamorfosis, adoptando un cariz utilitarista. La digitalización se presenta como un elemento que permite agilizar, facilitar y modernizar estas tareas. Aunque, como contrapartida, implica procesos que pueden materializarse en un incremento del trabajo para el profesorado, por lo que la pretendida facilitación puede constituir una falacia más del ecosistema educativo digital. Este fenómeno deriva de la interconexión de estas tareas digitalizadas con las otras dos tipologías esbozadas en el esquema anterior.

Por un lado, encontramos lo que hemos denominado como "tareas de dominio digital", es decir, aquellas que el profesorado debe realizar para aprender a manejar el artefacto digital en cuestión, ya sea una plataforma digital, una impresora 3-D, un dron, un robot, etc. El profesorado requiere de tiempo para comprender el funcionamiento del artefacto y, sobre todo, para familiarizarse con él y adquirir cierto dominio antes de implementarlo en el aula. El tiempo y el esfuerzo requerido por el profesorado para desarrollar estas tareas es variable en función de sus propias características y del dominio general que tengan con las tecnologías digitales. Si bien en la actualidad existe una amplia oferta formativa relacionada con estos aspectos, el dominio exige que el profesorado interactúe directamente con el artefacto, lo que motiva la adopción de un rol de emprendedor y autodidacta por parte del profesorado. Además, en el caso de que sean tecnologías que se van a utilizar en el proceso de enseñanza y aprendizaje (y no para la gestión del aula o del centro escolar), también se requiere de trabajo para planificar los momentos, usos, actividades y finalidades de esta tecnología, lo que redunda en un incremento del trabajo de programación y planificación docente.

A estas tipologías se añade una tercera, relativa a las tareas que emanan del propio trabajo e interacción cotidiana con las tecnologías digitales, las cuales hemos denominado como "tareas de supervivencia de la escuela digital". Estas difieren de la tipología anterior porque ya no remiten al tiempo de aprendizaje del artefacto, sino que derivan de la propia configuración del mismo. El tecnocentrismo, los fallos de conexión y de funcionamiento, la falta de actualización o la necesidad de actualización constante, la reducida amigabilidad, la obsolescencia, la caducidad de licencias, entre otros, constituyen las principales causas que vertebran esta tipología de tareas. Una vez más, provocan un incremento del trabajo del profesorado, quien ahora debe ocuparse de aspectos alejados de sus atribuciones y función clásicas. Anteriormente comentábamos que las tareas de dominio implican también tiempo de programación docente, el cual, si bien se incrementa, forma parte del trabajo propio del profesorado. Sin embargo, en esta última tipología las implicaciones son distintas, ya que no significan un aumento del papel del profesorado como agente de planificación de la enseñanza, sino que lo llevan a adoptar roles distintos que ya no se conectan con la atención al alumnado o con el proceso educativo, sino que apuntan a un trasfondo eminentemente técnico. Así, el docente se ve forzado a destinar tiempo y esfuerzo a tareas más propias de otras profesiones, como un informático o un técnico, tales como la resolución de incidencias informáticas y de fallos en el sistema, la puesta en funcionamiento, la actualización, el mantenimiento y la reparación de los dispositivos digitales y de las plataformas; la actualización periódica de la información depositada en las plataformas, la gestión de contraseñas y del inventario TIC del centro, la contratación y renovación de licencias, la protección y la seguridad de los datos, etc.

Para ilustrar la idiosincrasia y orientación de estas "tareas de supervivencia", y para tratar de mostrar hasta qué punto interfieren en la docencia y en el desarrollo normalizado del proceso de enseñanza y aprendizaje, reproduciremos una situación de aula que fue recopilada en el estudio de campo de la citada investigación (Pardo Baldoví, 2022), durante una observación en una clase de 6º curso de Educación Primaria:

> Un alumno se acerca al docente con su portátil y le dice que no puede conectarse a Internet. El docente coge el ordenador del alumno y trata de solucionar el problema. Tras unos minutos de exploración en búsqueda del fallo, detecta que no funciona bien porque hay un programa que ha inhabilitado algunas funciones. Mientras tanto, una alumna se levanta, se acerca a la mesa del docente y le pide un ratón. El maestro se acerca al armario y le deja un ratón, pero le recalca que debe traer su propio material de casa. Al momento, se levanta otra niña con su iPad, le pide al docente que le quite el bloqueo automático. Otro niño se le acerca también porque tiene problemas con la red, le dice que se le ha desconectado el wifi de repente. El docente mira su ordenador y ve que él sí que tiene conexión. Le deja su iPad y le dice que trabaje mientras con ese dispositivo, ahora cuando termine de solucionar el problema del programa (el del primer alumno) tratará de arreglar su conexión. (Observación en un aula de 6º de Educación Primaria)

Como se aprecia en la escena anterior, el hilo conductor de la sesión no son los contenidos, ni siquiera el proceso de aprendizaje, sino que es la tecnología la que marca el ritmo y el rumbo de la actividad del docente. En concreto, la continua emergencia de imprevistos que le obligan a concentrar su atención y sus esfuerzos en los artefactos digitales, en pro de asegurar la supervivencia del ecosistema educativo digital. Estos fenómenos provocaban que el profesorado entrevistado en dicha investigación calificara esta última tipología de tareas como una "pérdida de tiempo", en alusión al esfuerzo que requieren y que se podría estar aprovechando para otro tipo de acciones más propias de la función docente. No obstante, no entrañan una pérdida propiamente dicha, ya que cuando estas se realizan el tiempo de trabajo sigue transcurriendo y el profesorado lo "llena" con su propio esfuerzo y actividad. Lo que remite una vez más a la cita con la que abríamos este capítulo, a esa paradoja del tiempo en la actual sociedad del trabajo sin fin. A pesar de que el tiempo de trabajo se amplía y se extiende, la sensación entre el profesorado se caracteriza por la constante falta de tiempo, por el desborde del trabajo, y por su imposibilidad por cumplir con las exigencias de la escuela digital y desempeñar adecuadamente su trabajo. Lo que les lleva a destinar más horas, más dedicación, a sacrificarse en pro de la vocación y por voluntad de encajar en ese nuevo molde de docente ideal.

Estas percepciones remiten a lo expuesto por Gimeno Sacristán (2008) respecto a la configuración singular del tiempo escolar, que no se ciñe a su dimensión físico-matemática, es decir, al tiempo que transcurre, que puede ser medido y ordenado. Ni siquiera a la dimensión biológica o biopsíquica, relativa al carácter procesual de la educación (y al consecuente crecimiento y aprendizaje del alumnado). Sino que también implica una dimensión social, derivada de los ritmos y de los ritos, de la experiencia, de carácter puramente subjetivo, y ligada a las sensaciones y emociones particulares.

La información expuesta evidencia que la escuela digital está mediatizada por la emergencia de nuevas tipologías de tareas que redundan en un incremento del trabajo del profesorado. Pero junto a esta ampliación se produce también una reestructuración y reconfiguración, fenómeno que abordaremos seguidamente.

El tiempo de trabajo en la escuela digital: sin frenos hacia la jornada *non-stop*

El tiempo constituye una dimensión fundamental en el trabajo del profesorado. No solo porque, en tanto seres humanos, los docentes estamos "hechos de tiempo", sino también por la propia configuración temporal de la escuela, organizada en torno al curso escolar, en torno al trimestre, en torno a la Unidad Didáctica, el proyecto de trabajo o la situación de aprendizaje. La propia normativa evidencia esta centralidad del tiempo en el trabajo docente, ordenándolo y detallando explícitamente las horas que conforman la jornada laboral del profesorado, y estructurando el tipo de actividades y la dedicación que los docentes deben destinar a cada una de ellas. Se contemplan horas dedicadas al alumnado, con carácter puramente lectivo, pero también horas complementarias y de libre disposición, que pueden ser desarrolladas fuera del centro escolar, destinadas a tareas relacionadas con el gobierno de la escuela, la gestión del aula, la coordinación docente, la planificación y el diseño curricular, o incluso la formación y la participación en actividades diversas. En definitiva, una jornada laboral claramente establecida y delimitada, que responde al modelo clásico de división del trabajo.

Actualmente, las tecnologías digitales se encuentran instaladas en todas las tareas y dimensiones del trabajo del profesorado, tanto en las horas lectivas, como en las complementarias y de libre disposición. Ya sea para buscar actividades y recursos, para comunicarse con las familias, para abrir una incidencia en la Inspección, para realizar un curso *online* o para consultar su nómina, el profesorado las utiliza de forma cotidiana y continua. Esto evidencia que la digitalización se ha ido adueñando progresivamente del tiempo de trabajo docente. No obstante, este no es el único cambio provocado por las tecnologías digitales sobre este ámbito. Más allá de su uso generalizado en las distintas tareas, estas propician una reconceptualización y reestructuración profunda de la propia noción del tiempo.

Al hilo de estos aspectos, en el epígrafe anterior ya señalábamos que la digitalización se traduce en un incremento del tiempo de trabajo, por la emergencia de nuevas tareas. También apuntábamos a la creación de una suerte de espejismo mediante el cual la dilatación del tiempo se percibía como una constante falta (y en ocasiones como una pérdida) del mismo. Ahora bien, ¿hasta qué punto se dilata la jornada laboral del profesorado?, ¿qué aspectos subyacen a este fenómeno? La respuesta a estas cuestiones remite una vez más a la irrupción de las tecnologías digitales en la escena educativa y a la consecuente transformación digital del trabajo docente. Concretamente, son las plataformas digitales las que más contribuyen a este fenómeno.

Las plataformas digitales son tecnologías basadas en Internet que permiten gestionar la comunicación, procesar información, y crear y/o intercambiar contenidos (Williamson, 2017). Se caracterizan principalmente por su ubicuidad, que favorece la deslocalización del trabajo. Este ahora puede ser ejecutado desde cualquier lugar y en cualquier momento a través de la plataforma digital, siempre que se disponga de conexión a Internet. En los últimos años, estos artefactos se han generalizado en la esfera educativa, hasta el punto de que la escuela ha experimentado un auténtico proceso de plataformización, según el cual gran parte de las tareas que actualmente desarrolla el profesorado se ejecutan mediante una plataforma digital (o se derivan de ello). Como venimos comentando, la principal implicación que se deriva es la posibilidad de deslocalizar el trabajo docente, que ahora ya no debe ser realizado necesariamente en la institución escolar. Esta deslocalización no solo afecta a tareas como la preparación de materiales, la planificación y la programación o las correcciones, a las que el profesorado viene destinando tradicionalmente horas fuera de la escuela. Sino que las plataformas digitales permiten que tareas "interactivas" como son la propia atención al alumnado, la comunicación con las familias o incluso la coordinación docente puedan ser ejercidas fuera de la escuela. Y de la mano de la deslocalización deriva también lo que podríamos denominar como "destemporalización", ya que si el trabajo puede ejercerse desde cualquier lugar, también puede realizarse en cualquier momento (ya sea en modalidad síncrona o asíncrona) y, ¿por qué no? en todo momento, abocando al profesorado a un estado de estar siempre operativo y de servicio, característico de la actual sociedad del trabajo digital. Un fenómeno que llegó a sus cotas más álgidas en el periodo de pandemia de COVID-19.

En este sentido, la transformación digital dinamita por completo la concepción tradicional de tiempo de trabajo docente. Un trabajo que se caracterizaba por ejercerse de forma localizada (en el centro escolar) y regulada y estructurada (en base a un horario claramente establecido). Pero que ahora pasa a regirse por la flexibilidad, precisamente porque las plataformas digitales impregnan al propio trabajo de su ubicuidad característica. Remitiendo una vez más a la citada investigación (Pardo Baldoví, 2022), este fenómeno se entreveía cuando una maestra entrevistada afirmaba que "trabajar digitalmente te hace que las 24 horas del día estés conectada" (Entrevista directora de un centro escolar) o cuando otra señalaba que ahora la docencia "conlleva mucho tiempo que no todos los docentes están dispuestos a sacrificar. Aquí el problema está en que la gran mayoría sale por la puerta del colegio y se acabó. Y eso no es posible" (Entrevista a una Coordinadora TIC). En estas citas se refleja que la escuela digital constituye un ecosistema educativo y laboral eminentemente distinto al modelo clásico. Comporta nuevas formas de trabajar y de ser docente que ahora avanzan hacia una disponibilidad permanente, hacia la total entrega del profesorado, hacia un trabajo sin fin ante el cual los "buenos" docentes deben claudicar, acatando la jornada *non-stop*, sacrificando su tiempo libre en pro de ajustarse a las expectativas sociales y encajar en el molde, lo que conecta con el "espíritu del capitalismo" (Weber, 2012) y la santificación del trabajo. A su vez, el cuestionamiento implícito a los docentes que no lo acatan refleja claramente la asunción de la lógica del *self*-emprendedor, que presenta como triunfadores a quienes más se esfuerzan, y que con ello también señala y condena a quienes no se ajustan a los estándares, a lo normativo, a lo hegemónico. De nuevo el docente digital como exponente modélico contrapuesto al docente tradicional y desfasado.

En tanto sacrificio, la tecno-conversión implica un incremento del trabajo, pero también renuncias. Tal vez la jornada laboral tenga cada vez menos límites y se vaya concibiendo como un continuum, pero la jornada vital sigue siendo limitada, lineal, acotada a las 24 horas del día. Lo que implica que el tiempo que ahora se dedica al trabajo sea "reducido" o "negado" a otras cuestiones ya no de carácter profesional, sino de índole personal y privada. Una situación que algunos docentes denuncian declarando que la transformación digital está "llevándonos a los maestros a una ruina familiar" (Entrevista directora de centro escolar). Esto evidencia las dificultades para conciliar la vida laboral con la personal, ante un ecosistema laboral que se va adueñando progresivamente del tiempo de vida. Lo que coincide con lo expuesto por Habermas (2002) respecto a la colonización interna del mundo de la vida, que en la actual sociedad digital se traduce como la invasión del trabajo en la vida, la absorción del "tiempo de vida" por parte del "tiempo de trabajo", incluso la fusión indisoluble entre ambas esferas, que anteriormente se concebían como claramente separadas. Esto comporta importantes implicaciones para el profesorado, no solo por la precarización de las condiciones en las que desarrolla su trabajo y por las dificultades que se derivan sobre su vida íntima. Sino también por el agotamiento, por el estrés, la angustia y el desasosiego que emergen ante la dificultad e imposibilidad de cumplir con todas las exigencias sociales y satisfacer las expectativas sobre el docente ideal. Lo que da lugar a un ecosistema educativo marcado por el creciente *burnout* docente, cuyas cenizas son prendidas en buena medida por el fulgor digital.

La digitalización no solo provoca el incremento y dilatación del tiempo de trabajo, sino también la consolidación y naturalización del "trabajo fantasma" (Illich, 1981) o "trabajo invisible" (Castillo Alonso y Moré Corral, 2016), relativo a todo el trabajo que el profesorado realiza pero que no es reconocido porque trasciende las fronteras espaciales propias del trabajo docente, es decir, se desarrolla fuera del centro escolar; y también porque supera sus márgenes temporales, realizándose fuera del horario laboral. Un trabajo que constituye un claro exponente de la precarización que gravita en torno al ecosistema educativo actual. Ya que la flexibilidad y disponibilidad total no solo dificultan la conciliación y suponen una pérdida de privacidad, sino que también devalúan la figura docente, constituyen un mecanismo de descualificación de su trabajo. Pese a que se revistan del discurso de la nueva profesionalidad docente, la pérdida de horarios y de derechos atenta precisamente contra ella. Y ante la vulneración de derechos del trabajo la solución es clara: organización y lucha. Es necesario y urgente reivindicar el derecho a la desconexión como un derecho fundamental para cualquier trabajador o trabajadora y, entre ellos, también para el profesorado. Frente a ello, choca el mutismo de los sindicatos del profesorado, cuyas escasas demandas al respecto entronizan el teletrabajo y la teledocencia como mecanismos facilitadores de la conciliación laboral. Lo cual, una vez más, contribuye a legitimar y extender la fascinación digital y el tecnocentrismo imperante, aunque ello comporte obviar y negar el profundo calado para el profesorado (y para los trabajadores en general), en una maniobra más propia de la huida del Derecho del Trabajo (Todolí-Signes, 2015) que no de la tradicional lucha sindical. Fenómeno que apunta a que también los propios sindicatos experimentan la tecno-conversión, rindiéndose a los pies del Dios digital.

En definitiva, tanto el incremento de tareas como la reestructuración y redefinición del tiempo y de la jornada laboral constituyen indicadores claros de la metamorfosis del trabajo del profesorado en el ecosistema digital. Lo cual conecta con la tesis de Hargreaves (1996) respecto a la intensificación del trabajo docente como rasgo característico de la escuela en la postmodernidad. Si bien no se trata de un fenómeno nuevo, como se deduce por la fecha de la cita, la digitalización y plataformización del trabajo docente ha agudizado y sofisticado todavía más estos fenómenos mediante la emergencia de nuevas tareas que, aunque se presentan como sustitutorias y facilitadoras, actúan en realidad con un carácter acumulativo. Para ilustrar este fenómeno retomaremos una vez más el citado ejemplo de pasar lista. Anteriormente, lo único que se necesitaba era un papel con un listado del alumnado y un bolígrafo. Ahora esta tarea se ha plataformizado. Con ello la información es más fácil de guardar y de recuperar (aunque no de proteger), pero también precisa de más tareas que su modalidad antecesora. Requiere dispositivos digitales que deben ser o bien comprados o bien solicitados a la Administración Educativa, catalogados en el inventario TIC del centro escolar, puestos en funcionamiento y actualizados. Lo mismo sucede con la conectividad del centro escolar. También resulta necesario descargar la plataforma digital en cuestión (contratar la licencia en caso de que sea privada), aprender a manejarla e insertar los datos. A su vez, estos deben someterse a los protocolos y procedimientos necesarios para velar por su protección y tratamiento ético. En resumen, nuevas tareas y exigencias que se añaden y que provocan una clara intensificación del trabajo del profesorado. Tareas que van proliferando y sofisticándose a medida que avanza el desarrollo tecnológico y que se expande la metamorfosis digital del ecosistema educativo. No obstante, el ejemplo detallado no solo evidencia la intensificación del trabajo, sino que también apunta a un importante viraje del mismo, que avanza hacia la tecnificación. Un cambio de rumbo que desplaza la atención y la acción del profesorado desde el proceso de enseñanza y aprendizaje hacia las tareas mecánicas, y que con ello transforma su rol clásico de agente de conocimiento para convertirlo ya no en un dinamizador y facilitador, sino en un técnico, en un docente tecno-convertido. Lo que supone la transformación más profunda del ecosistema educativo digital sobre el trabajo docente, en la cual nos sumergiremos a continuación.

La tecno-conversión del trabajo docente: sublimando la precarización del profesorado

Resulta innegable que la intensificación expuesta en los epígrafes anteriores constituye un claro mecanismo de precarización del trabajo docente. No obstante, junto a esta, la tecno-conversión suscita un tipo de precarización más compleja y sofisticada, que ya no solo impacta en el trabajo, sino en el propio profesorado. Una precarización que emana precisamente del cambio de rol propiciado por la escuela digital, que acaba materializándose en un cambio de la propia función y misión del profesorado. Ahora bien, ¿qué aspectos y fenómenos llevan al profesorado a asumir este rol técnico? Como venimos comentando, la propia naturaleza técnica de las tecnologías digitales motiva este fenómeno. En un ecosistema en el que estas actúan como reinas y diosas, sus vasallos adaptan su conducta para ajustarse a sus dictados. Pero el nuevo ecosistema social, y consecuentemente también el educativo, no solo se caracterizan por la irrupción digital, sino también por la inmediatez y la aceleración constantes, deudoras de esa obsesión por el avance y el futuro que acompaña al desarrollo tecnológico. Esto provoca que en la escuela actual (al igual que en nuestras vidas a nivel general), lo urgente se anteponga a lo importante, obsesionados por ir tachando ítems y más ítems del *To do list*. Es decir, que se prioricen aquellas tareas que exigen una atención y respuesta inmediata por parte del profesorado, que no se pueden postergar, como son las tareas mecánicas y técnicas que emanan de las propias tecnologías (especialmente las que anteriormente catalogábamos como tareas de supervivencia de la escuela digital); frente a las tareas clásicas que se rigen por una visión procesual y que requieren de dedicación prolongada, como es el propio proceso educativo. Un fenómeno que se percibía claramente en la situación de aula anteriormente relatada, donde el *leitmotiv* de la atención y la acción del profesorado se centraba en la rápida resolución de incidencias informáticas variadas.

Esto evidencia que el núcleo central del trabajo del profesorado se está desplazando progresivamente desde la dimensión pedagógica hacia la técnica. Precisamente porque el carácter urgente de la segunda tipología exige una atención y resolución inmediatas, interrumpiendo el funcionamiento ordinario de la estructuración y planificación del trabajo. Lo cual provoca una importante reconfiguración del sistema de prioridades, y también de las responsabilidades y atribuciones del profesorado. Al hilo de ello, Ordine (2013) plantea que el nuevo ecosistema educativo insta al profesorado a mudar de piel, a transformarse, a experimentar una metamorfosis de cuya crisálida emerge un nuevo rol marcado por la impronta técnica. Un rol cuyo máximo exponente es el docente *community manager*, que describiremos en el capítulo cuarto.

La tecnificación del profesorado no solo emana de la ejecución de tareas técnicas en su quehacer cotidiano, sino también de la naturalización de las mismas y de la asunción del tecnocentrismo como nueva lógica rectora del trabajo docente, lo que entraña un complejo proceso de tecnoculturización. Ahora la pedagogía y la didáctica son cada vez más relegadas por la propia tecnología, que no solo se asume como un recurso educativo (como demuestra la generalización de artefactos tecnológicos cuantiosos y variados en las aulas), sino también como una metodología innovadora y rupturista, que se traduce en el auge de la gamificación con tecnologías, del *flipped learning*, del *Scratch*, etc., incluso como un modelo de aula, como muestran el Aula del Futuro o el Aula Inteligente. En base a ello, las prácticas educativas se vertebran y se rigen por nuevos valores sustentados en la lógica digital, valores que anteponen la inmediatez frente al respeto a los ritmos (pese a las reivindicaciones sobre la escuela inclusiva), la productividad frente a la significatividad, las competencias frente al conocimiento, las *soft skills* frente a la reflexión, la técnica frente a la didáctica, en definitiva y una vez más: lo urgente frente a lo importante. Lo que provoca que el motor del nuevo ecosistema educativo ya no sea la pedagogía, sino lo que podríamos denominar como "tecno-educación", o más bien "tecno-formación", consistente en la supeditación del trabajo del profesorado, y del propio proceso de enseñanza y aprendizaje, a las exigencias del desarrollo tecnológico.

De manera que el profesorado no solo asume tareas técnicas, sino que se va ajustando a sus condicionantes y procedimientos, legitimando el tecnocentrismo imperante, y sus nuevos valores y principios axiológicos. Lo que, de nuevo, redunda en una transformación sustantiva no solo de su trabajo (que se orienta hacia nuevos enfoques y fines), sino de su rol, de su sentido y significado en una escuela eminentemente distinta al modelo clásico. Una escuela en la que no es el profesorado quien ostenta la legitimidad ni quien constituye el epicentro, sino las tecnologías digitales. Es aquí cuando se manifiesta la profundidad de la precarización a la que venimos aludiendo. Que ya no solo deriva del deterioro de las condiciones de trabajo, sino de la devaluación de la propia figura docente, de la pérdida de *agency* del profesorado, es decir, de su capacidad de acción y decisión, de su autoridad y legitimidad como agente de conocimiento y de saber, que ahora se depositan en las plataformas digitales (concebidas como elementos óptimos para la personalización de los aprendizajes) y cada vez más en la Inteligencia Artificial, quedando el docente relegado a ostentar el rol que debería ejercer la tecnología: el de mero mediador.

En definitiva, la información expuesta en este capítulo evidencia que la tecno-conversión desencadena una intensa precarización tanto del trabajo docente como del propio profesorado. Esta deviene un rasgo característico del actual ecosistema educativo digital, y afecta al profesorado en un doble plano, tal y como tratamos de reflejar en la figura 4.

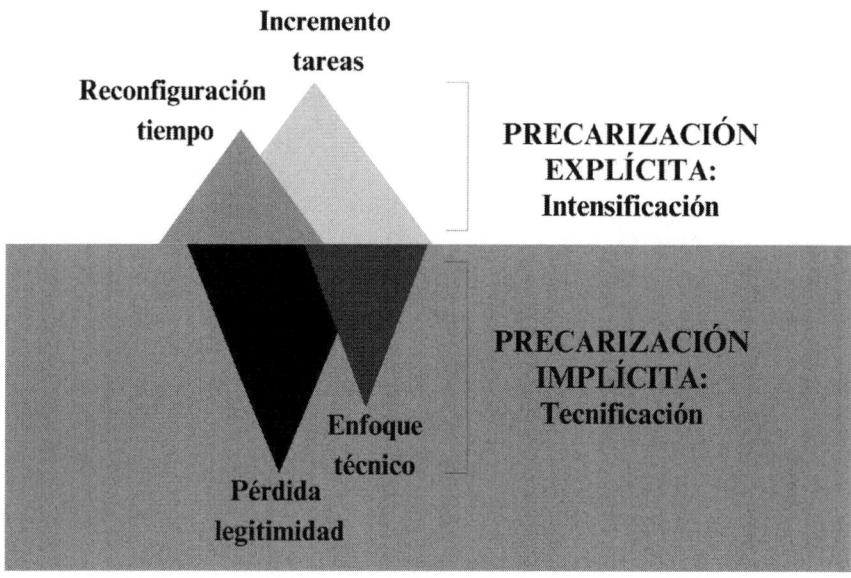

Figura 4. Fenómenos y procesos de precarización del profesorado y su trabajo
en el nuevo ecosistema educativo digital

Como se aprecia en el esquema anterior, el nuevo ecosistema educativo provoca la emergencia de nuevas tareas, así como la deslocalización y destemporalización del trabajo docente, hasta el punto de convertir al profesorado en un trabajador flexible y en disponibilidad permanente, abocándolo a una jornada laboral prácticamente sin fin. Lo que constituye una clara precarización de las condiciones en las que desarrolla su trabajo y del propio trabajo en sí mismo. Además, también desencadena intentos procesos de una precarización más sutil pero a la vez más incisiva, la del propio profesorado, ahora reorientado hacia la ejecución de tareas mecánicas y hacia el enfoque técnico de su propia función en la escuela, con la pérdida de *agency* y legitimidad que de ello se deriva.

En definitiva, un profesorado progresivamente más precarizado, más saturado, más sobrecargado e incluso más agotado y quemado. Un profesorado al que se le exige cada vez más, pero que paradójicamente es cada vez más señalado. Un profesorado cargado de responsabilidades, pero mermado de legitimidades. Un profesorado que no solo debe dominar y utilizar de forma pedagógica las tecnologías digitales, sino que también debe velar por proporcionar a su alumnado una educación integral, crítica, inclusiva, que fomente el desarrollo de competencias y promueva un rol activo y protagonista del alumnado, que vele por su salud mental y por su bienestar emocional, por las inteligencias múltiples, por la personalización del aprendizaje. Un profesorado que debe capacitar a su alumnado para trabajar en equipo, fomentar la interdependencia positiva, el buen clima en el aula, pero también la competitividad, el emprendimiento, el liderazgo. Un profesorado que, para lograrlo, debe erigirse en facilitador y dinamizador de los aprendizajes, en *coach*, que debe crear sus propios recursos y actividades, trabajar por competencias, planificar y programar mediante situaciones de aprendizaje, implementar metodologías innovadoras y estrategias de aprendizaje activo. Un profesorado que debe desarrollar sus propias competencias, especialmente las digitales, que debe formarse de manera constante y permanente, intercambiar experiencias y propuestas, buscar y aplicar buenas prácticas, comprometerse con su formación, actuar como un autodidacta y como un emprendedor. Un profesorado que, además, debe coordinarse con sus colegas, emprender proyectos de trabajo colegiado, innovar desde el centro, trabajar en común. Pero que también debe destacarse, diferenciarse, convertirse en referente, y compartir su "buen hacer" con el resto de la comunidad. Un profesorado que debe también establecer puentes con las familias, conocerlas, coordinarse con ellas, atender a sus demandas y también a sus inquietudes. En definitiva, un profesorado que se ve interpelado a erigirse en una especie de Superhéroe o Superheroína a la altura de las exigencias del ecosistema educativo digital.

Sin duda, la tarea no es sencilla, al igual que tampoco lo es la metamorfosis digital. Para adaptarse a las condiciones de vida docente impuestas por el nuevo ecosistema educativo, el profesorado se transforma, se tecno-convierte, experimenta intensas mutaciones en el intento de sobrevivir y resistir en su nuevo hábitat. En este sentido, la transformación digital no solo provoca mutaciones en el trabajo pedagógico, tal y como hemos planteado en este capítulo. Sino que trasforma al propio profesorado, en tanto trabajador de una institución, pero también en tanto individuo. Esto remite a la creación de profundos procesos de domesticación y colonización de las subjetividades (Marx, 2017), o a la cosificación de la conciencia (Lukács, 2021), que se alinean con el concepto de *habitus* descrito por Bourdieu y Passeron (1981), entendiendo este como una estructura mental interiorizada por el sujeto. A través de la interacción compleja entre discursos, prácticas y concepciones en torno al uso de las tecnologías digitales en la escuela, el *habitus* actúa como un mediador entre el individuo y su percepción de la realidad, determina sus acciones y prácticas, legitimando la transformación digital de la educación y la propia tecno-conversión del profesorado. Emerge así una nueva subjetividad docente, que denominaremos como Pr(of)ecariado, y que constituye la adaptación de la especie docente a las nuevas geografías de la precariedad, en la cual incidiremos en el próximo capítulo. Así que les invitamos a que pasen página y se adentren en la tecno-conversión del profesorado.

CAPÍTULO III

La tecno-conversión del profesorado: metamorfosis y moldeamiento de la subjetividad en la escuela digital

El sujeto docente: una invención cultural en (re)construcción permanente

> Porque estamos hechos, no de carne y hueso,
> sino de tiempo, de fugacidad.

> Borges (1984, p. 38).

Como señalara Castoriadis (1997) el ser humano es un ser social. A esta misma premisa apunta Borges (1984) cuando declara poéticamente que no estamos hechos de carne y de hueso, sino de tiempo. Extrapolando esta tesis a la figura docente podemos afirmar que también el profesorado, su función y su trabajo, son invenciones culturales tejidas y reconstruidas a lo largo de la historia y, por tanto, en permanente proceso de (re)construcción. Invenciones que se moldean según las exigencias y características del contexto particular que las sostiene. Así, ante un nuevo ecosistema educativo como lo es la escuela digital, el profesorado se transforma y muta para adaptarse a su nuevo ambiente.

En el capítulo primero, partiendo del juego de las 7 diferencias, hemos reflexionado sobre la evolución histórica de la escuela, lo que nos ha permitido indagar en la morfología y la fisonomía del actual ecosistema educativo digital. Se ha puesto de manifiesto que en la escuela actual las tecnologías digitales ostentan un papel cada vez más protagonista y que gran parte del profesorado muestra una visión abiertamente tecnófila y futurófila. Esto les lleva a concebir a estos artefactos como distintivo de innovación, mejora y calidad educativa. Se trata de un fenómeno que no es exclusivo de la institución escolar ni del profesorado, sino que emana y se nutre del propio "caldo" social y de las narrativas hegemónicas que lo circundan, que inciden en la asociación entre la tecnología y el progreso, sin dejar márgenes para la crítica o el cuestionamiento.

Estas tesis se pregonan y legitiman desde ámbitos diversos, siendo también asumidas y reproducidas por el profesorado. En este sentido, las narrativas y las cosmovisiones que se gestan sobre la implementación de las tecnologías digitales en la escuela trascienden lo nominativo o lo descriptivo para imponer lógicas, prioridades y preferencias de trabajo específicas, no exentas de relaciones de control y de poder. Así, se produce un cambio en las percepciones, tanto de la sociedad como del propio profesorado, respecto a lo que supone ser un "buen docente" en la escuela actual, que pasa por ser un docente que incorpora y utiliza una amplia variedad de tecnologías digitales en su trabajo, y que asume los valores y principios asociados a estas. La entronización de estos atributos como deseables da lugar a la asunción cotidiana en las aulas de las tecnologías digitales y de la lógica que las sustenta, instaurando una nueva morfología de trabajo docente, en la cual hemos incidido en el capítulo anterior. Hemos nombrado este proceso como "tecno-conversión" del profesorado, siendo precisamente lo que instaura y legitima la escuela digital.

Ahora bien, ¿cómo transcurre esta tecno-conversión?, ¿qué mecanismos y elementos la propician? Retomando de nuevo la metáfora del ecosistema, el profesorado (así como el resto de agentes escolares) constituyen el factor biótico de la escuela digital. Pero para que estos seres logren adaptarse y subsistir también se requiere de factores abióticos que les nutran y les den sustento. Son precisamente estos, y las relaciones de interdependencia que se establecen entre ambos componentes, lo que permite y asegura la supervivencia no solo de los organismos vivos, sino del propio ecosistema.

En el caso que nos ocupa, los factores abióticos engloban las expectativas sociales respecto al profesorado y los consecuentes discursos sobre la profesionalidad docente. Los cuales, como venimos señalando, constituyen elementos clave en el proceso de tecno-conversión. Estos suman sinergias y alianzas con la formación permanente del profesorado, que abraza cada vez más el enfoque competencial situando en la cúspide a la competencia digital docente. Así, el tándem entre discursos y formación se erige en la combinación perfecta, un poderoso mecanismo para implementar y legitimar el trabajo con tecnologías digitales en la escuela, reproduciendo la lógica, valores y principios presentes en el enfoque dominante, asumido como consenso social y fraguado en un nuevo discurso sobre la profesionalidad docente. En el presente capítulo, analizaremos estos elementos profundizando en el componente abiótico sobre el que se sustenta el nuevo ecosistema educativo digital, precisamente por el papel que desempeña en la tecno-conversión del profesorado. Así que tomen aire y prepárense para la inmersión.

La (de)formación del nuevo sujeto docente: reprogramando la oferta formativa para una escuela digital

El ecosistema educativo digital trae aparejada una reconceptualización de los roles y de las funciones que han venido ostentando tradicionalmente el alumnado y el profesorado. Focalizando la atención en este último agente, la nueva escuela líquida y flexible reclama un docente que se ajuste a tales características, un docente con capacidad para adaptarse al acelerado y constante cambio, un docente dispuesto a reconstruirse y rehacerse día a día para incorporar las últimas novedades que irrumpen en la escena educativa, bien sea un sofisticado artefacto tecnológico, como puede ser un dron o una impresora 3-D, o bien sea una "metodología" o estrategia didáctica, como el *flipped learning* o la gamificación con tecnologías.

En este fértil campo, regado por la continua innovación, la formación permanente se torna un elemento imprescindible. Esto se refleja claramente en la orientación trazada por las políticas europeas, como en el texto de la Recomendación del Consejo de 22 de mayo de 2018 relativa a las competencias clave para el aprendizaje permanente de la Unión Europea, donde se expone lo siguiente:

> En la economía del conocimiento, memorizar hechos y procedimientos es clave, aunque no suficiente para el progreso y el éxito. Las capacidades, como la resolución de problemas, el pensamiento crítico, la habilidad para cooperar, la creatividad, el pensamiento computacional o la autorregulación, son más esenciales que nunca en nuestra sociedad en rápido cambio. Se trata de herramientas para lograr que lo que se ha aprendido funcione en tiempo real, para generar nuevas ideas, nuevas teorías, nuevos productos y nuevos conocimientos. (Consejo de la Unión Europea, 2018)

El extracto precedente evidencia tres matices significativos y característicos del nuevo ecosistema educativo digital, que podríamos resumir en lo siguiente:

- Por un lado, ilustra la centralidad que la formación permanente ostenta en el paradigma actual. Lo cual también se traslada al ámbito de la formación del profesorado, que adquiere cotas álgidas de legitimidad como mecanismo para facilitar la adquisición de destrezas y el desarrollo de competencias clave en el profesorado o, en otras palabras, para moldear al docente a imagen y semejanza del nuevo ecosistema educativo. Ahora la formación permanente del profesorado no solo se presenta como un factor clave para optimizar la calidad educativa, sino también como un rasgo inherente a la profesionalidad docente, como atributo indispensable del profesorado competente.

- Ligado a ello, emerge el segundo matiz (que también se enmarca en las transformaciones anteriormente analizadas en el juego de las 7 diferencias) relativo a la lógica de plantear y desarrollar la formación. Esta ya no se vertebra en torno a la información o el saber, pese a que se pregone que nos encontramos en la "economía (que no en la sociedad) del conocimiento", sino en relación a lo transferible, a aquello que se puede aplicar, que tiene valor práctico, en resumen: en torno al enfoque competencial. Esto más que un rediseño de la formación supone una reprogramación completa del modelo formativo que no solo se prolonga *sine die*, sino que experimenta una mutación en la lógica de pensar y comprender la formación, en sus valores y principios, y en las propias prácticas que se desarrollan.

- Por último, el tercer matiz se enmarca en la asunción de lo que Hölscher (2014) denomina como tiranía de la innovación y reinvención continua del futuro, visible en el énfasis que la "novedad" ostenta en el extracto anterior, donde se incide en la importancia de que la formación permita generar "nuevas ideas, nuevas teorías, nuevos productos y nuevos conocimientos". Emerge así un modelo formativo tan flexible y líquido como el ecosistema que lo alberga. Un modelo en el cual la formación está sujeta a las modas del momento, pero también a sus demandas y exigencias. Esto no solo surte efectos en la formación, sino también en el propio profesorado a la que se dirige. Quien ahora se convierte en un docente que, emulando a la oferta formativa, también se encuentra sujeto a la tiranía de la constante novedad. Un docente en permanente proceso de construcción y cambio continuo, un docente emprendedor y flexible, moldeable, adaptable.

Los tres matices expuestos evidencian que se ha producido un viraje en el modelo de formación permanente del profesorado, con el objetivo de adaptarlo a las características y exigencias del actual ecosistema educativo. Por el papel que las tecnologías digitales ostentan en el mismo, la formación en materia digital se convierte en la pieza angular del nuevo modelo. Este fenómeno se aprecia claramente cuando la actual Ministra de Educación, Pilar Alegría, en el marco de la clausura del evento EnlightED 2023, defiende que ante el avance tecnológico "necesitamos una sociedad más formada, más preparada" (Alegría, 2023), para lo que reivindica la formación permanente del profesorado. También se percibe en el discurso del INTEF, que reclama que:

> Es fundamental reconocer la importancia de la formación del profesorado para ofrecer una respuesta educativa adaptada y coherente con la sociedad digital del siglo XXI. En un entorno donde los avances tecnológicos son constantes en todos los sectores, especialmente en la docencia, es imprescindible que el profesorado se actualice y se prepare para integrar, conocer y utilizar las nuevas herramientas y enfoques necesarios para alcanzar el éxito educativo de toda la sociedad. (INTEF, 2023b)

Trascendiendo la esfera educativa, estas narrativas también son reproducidas y extendidas por agencias de diversa índole, incluso aparentemente alejadas del sector educativo (o al menos de sus funciones tradicionales). Como ejemplos de ello podemos destacar la oferta de Escuelas de Conocimientos para docentes por parte de la Fundación Telefónica Movistar, bajo la premisa de que "la educación y la formación digital son dos pilares fundamentales [...] para que nadie se quede atrás en este nuevo y acelerado mundo tecnológico" (Fundación Telefónica, 2024). Similares postulados y fines comparten el *Apple Education Community* (Apple, 2024a), el *Centro para formadores de Microsoft Learn* (Microsoft, 2024a) o el *Centro para educadores de Google* (Google, 2024), concebidos como centros de formación para apoyar al profesorado en la transformación digital de sus aulas y, colateralmente (¿o directamente?), para "vender" y legitimar el potencial de sus productos en la escuela. La irrupción de estas agencias en la formación permanente del profesorado, y la influencia que ostentan en la misma, evidencian una vez más que la "escuela digital" supone un ecosistema educativo eminentemente distinto al modelo clásico. Un ecosistema que no solo abraza nuevos recursos y prácticas, sino también nuevos valores y planteamientos, como los que emanan del sector del desarrollo tecnológico. Ahora reconvertido ya no solo en proveedor de "recursos educativos", sino en una suerte de pseudo-pedagogo, de gurú educativo *New Age*, asegurando el triunfo de lo que Saura et al. (2021) denominan como "Innovación Tecno-Educativa Google".

Los ejemplos citados evidencian que la formación permanente se ha convertido en el nuevo mantra del ecosistema educativo actual, recitado e invocado por voces de diversa índole. Conviene destacar que la premisa de la centralidad de la formación permanente gravita en la órbita educativa desde la década de los noventa, cuando el *Informe Dearing* bautizó al siglo XXI como el del aprendizaje continuo. No obstante, la generalización de las tecnologías digitales en la escuela ha acentuado todavía más este fenómeno, ante las nuevas necesidades que estas han provocado sobre el profesorado, tanto por lo que respecta al manejo de estos artefactos como a su uso e introducción en la escuela, a las que aludíamos en el capítulo anterior.

De este modo, se ha ido fraguando el consenso social que enfatiza la importancia, pero también la necesidad, de que el profesorado se forme y capacite de forma continua para dar respuesta a las exigencias de la sociedad actual. Nutriéndose del discurso futurófilo que acusa a la escuela de retrógrada y desfasada, necesitada de cambios rotundos y urgentes. Ante ello, las tecnologías digitales son nuevamente aclamadas como deidades, reivindicando una capacitación en competencias digitales que permitirá al profesorado adaptarse y dar respuesta a un futuro que será, indudablemente, cada vez más digital. Estos planteamientos constituyen los cimientos perfectos para la tecno-conversión del profesorado y para la instalación efectiva del tecnocentrismo en la esfera educativa en general, y en la formación permanente del profesorado en particular. Un fenómeno que se materializa, principalmente, en dos dimensiones distintas.

En primer lugar, el tecnocentrismo subyace a los contenidos abordados por la oferta formativa, que presenta una elevada carga de formación relacionada con aspectos técnicos. Este hecho se aprecia claramente en el enfoque latente en los "centros de formación del profesorado" ofrecidos por los citados monopolios digitales. Pero también al revisar el catálogo ofrecido por el INTEF, el Instituto Nacional de Tecnologías Educativas y de Formación del Profesorado, que constituye el organismo ministerial encargado de gestionar la formación permanente del profesorado en materia de tecnologías en España. Si se analizan las acciones formativas que se encuentran en progreso en el verano del 2024 destacan títulos como "Tipos de *malware*, riesgos y protección específica", "Programas malignos, vías de infección y consecuencias del contagio", "*SlideCasting* en educación", "Impresión 3d en el aula", "Creación y gestión de contraseñas" o "Seguridad móvil, servicios en la nube y redes públicas" (INTEF, 2024b) , entre otras propuestas centradas en contenidos no directamente relacionados con aspectos pedagógicos o con el uso didáctico de las tecnologías digitales, sino en su componente técnico.

El enfoque técnico también impregna la concepción y el planteamiento subyacente a las propuestas formativas. Estas abandonan su enfoque sólido tradicional para adoptar otro más ligero, en línea con las características del ecosistema educativo. Progresivamente, el formato de curso de formación impartido presencialmente y con una duración determinada va perdiendo fuerza en favor de propuestas más breves y que se desarrollan principalmente a distancia, mediante el uso de las tecnologías digitales. En definitiva, las propuestas consistentes y graduales, coherentes con la visión de la educación como proceso, y que entendían la formación del profesorado como un espacio para el diálogo, el encuentro y la reflexión; son sustituidas en el nuevo ecosistema educativo por "micro-formaciones" que, como si de píldoras se tratase, van suministrando al profesorado dosis rápidas de distintas habilidades y destrezas. Este fenómeno se vislumbra en la eclosión de propuestas como los MOOC, NOOC o SPOOC, que componen el actual catálogo formativo del INTEF, y cuyo enfoque es replicado por las administraciones educativas autonómicas y por agencias diversas. Estos formatos se desarrollan mediante la lectura de presentaciones y de infografías, el visionado de vídeos, la cumplimentación de cuestionarios y la creación de un producto final, en línea con el enfoque competencial.

El hecho de que este tipo de propuestas emane de la propia Administración Educativa recuerda a lo que expusiera Gimeno Sacristán (2000) respecto al potencial de la formación institucional para (de)formar al profesorado en función de las exigencias y necesidades imperantes. Incluso para reducirlo a actuar como un mero servidor estatal que aplica y replica las prácticas prestablecidas por la Administración. Lo cual, según el citado autor, constituye un ejercicio de desprofesionalización docente, pese a que se presente como lo contrario.

Este fenómeno de moldeamiento de la subjetividad docente que opera en el trasfondo de la micro-formación se evidencia también en otras propuestas desreguladas que trascienden la noción clásica de la formación permanente del profesorado, como son las jornadas, los encuentros y los congresos, o incluso la irrupción de lo que se conoce como "autoformación", que consiste en la opción más líquida y flexible. Esto apunta a que, al igual que le ha acontecido a la propia figura docente, también la noción clásica de formación ha perdido legitimidad respecto a décadas anteriores. La emergencia de estos nuevos formatos y modalidades constituye un buen reflejo de ese ejercicio de reprogramación del modelo formativo al que aludíamos anteriormente. Esta reprogramación se intuye también en el discurso de la propia Ministra de Educación, quien en el marco del ya citado evento EnlightED 2023, defendía que:

> el profesorado merece que se le dé una buena formación, sobre todo en estas herramientas tan disruptivas. Merecen formación, merecen experiencias, merecen trabajar en proyectos piloto que les permitan que a través de la tecnología puedan readaptar también sus proyectos pedagógicos. (Alegría, 2023)

La alusión a las experiencias y a los proyectos piloto remite una vez más a esa nueva concepción aplicada y transferible, útil en palabras de Perrenoud (2008, 2012), de la formación docente. Que también abraza formatos centrados en la difusión y exportación de "buenas prácticas". De nuevo se trata de enfoques auspiciados por la propia Administración Educativa, que ya no solo prescribe prácticas y modelos de forma explícita, sino también veladamente, mediante acciones que apelan al propio profesorado, ahora responsable de asumir las riendas en su proceso de formación y reinvención.

En conclusión, la formación permanente del profesorado se flexibiliza y licua, transcurre y opera a través de vías distintas, pero siempre con un objetivo común: transformar al profesorado para adaptarlo a las exigencias y demandas de la escuela digital. Ante ello nos preguntamos: ¿cómo consiguen estas propuestas propiciar la tecno-conversión? Con relación a esta cuestión conviene destacar que todas las acciones citadas constituyen muestras de que el ecosistema educativo digital introduce nuevas racionalidades y lógicas. Las cuales no solo pretenden "digitalizar" al docente, es decir, fomentar que introduzca las tecnologías digitales en su trabajo cotidiano, sino que también se dirigen a transformarlo en un emprendedor de su propio proceso de formación (Paltrinieri, 2017), incluso en un autodidacta, emulando al *knowmad* expuesto por Roca (2018), concebido como un nómada que va transitando de formación en formación para (aparentemente) forjarse a sí mismo.

Estas nuevas racionalidades apelan a conceptos estrella de la escena educativa como son la libertad, el liderazgo o la autonomía del profesorado, cuyo significado es polisémico, es decir, está profundamente mediatizado por las cosmovisiones hegemónicas y puede dar lugar a interpretaciones y enfoques diversos e, incluso, contradictorios. En base a ello, se presenta como concesión de libertad y autonomía lo que en realidad entraña una devolución de responsabilidades al profesorado, que ahora debe gestionar su propio proceso formativo y comprometerse a entrenarse y capacitarse en competencias flexibles que se encuentran en continuo cambio y evolución, para poder mostrar un buen desempeño profesional (Maca, 2021). En definitiva, se establece un proceso en el que ante la aparición de novedades continuas se recurre también continuamente a la formación, convertida así en una especie de alfa y omega, de principio y fin de la tecno-conversión docente.

Fruto de ello, emerge una nueva subjetividad docente (en la que incidiremos en próximos epígrafes) que interioriza la flexibilidad y la reconstrucción continua como rasgos inherentes a su profesión y que, con ello, también asume los ejercicios de performatividad y de *accountability* (Ball, 2003a, 2003b). Ahora bien, ¿cómo se materializa esta tecno-conversión? La respuesta a esta pregunta apunta al potencial de la formación como mecanismo para transformar el trabajo del profesorado a raíz del moldeamiento de su pensamiento y de su conducta, lo que le lleva a asumir nuevos roles e identidades. Pero, ¿es solo la formación la que logra esta profunda metamorfosis? Les invitamos a que sigan leyendo para tratar de despejar juntos esta incógnita.

Profesionalidad y desempeño docente: enseñar bajo el Credo digital

La información expuesta en el epígrafe anterior evidencia que la formación permanente del profesorado constituye un mecanismo privilegiado para propiciar la tecno-conversión docente. Ahora bien, dice el refranero popular que el hábito no hace al monje, y tampoco el título, el certificado de formación, o la insignia digital convierte al profesorado en tecno-docente. O al menos no solo ello propicia la tecno-conversión. Si bien la formación constituye un excelente mecanismo para forjar la identidad docente y adaptarla a las necesidades y exigencias del momento, no es la única vía posible. En un ecosistema educativo cada vez más individualista y regido por la ideología del *self*-emprendedor, la formación establece alianzas con el discurso sobre la profesionalidad docente, fraguado a partir de las narrativas y las expectativas sociales sobre el docente actual. Es precisamente la sinergia entre ambos elementos lo que propicia la tecno-conversión del profesorado. Conviene destacar que la propia formación docente también forma parte de este caldo social y, por tanto, apela, reproduce y legitima el discurso sobre la profesionalidad docente. No obstante, frente al carácter visible y explícito de la primera, el segundo opera en base a juegos más velados.

Llegados a este punto nos preguntamos: ¿qué valores y rasgos componen el discurso sobre la profesionalidad docente? Con relación a este aspecto, conviene señalar que la profesionalidad docente constituye una construcción social, al igual que lo es el profesorado y la propia profesión docente, como apuntábamos al inicio de este capítulo. Estos planteamientos llevan a García Pérez (2021) a describirla como una tarea de reconstrucción permanente. Por tanto, los valores y rasgos que subyacen al actual discurso sobre la profesionalidad docente son fruto de los procesos y acontecimientos sucedidos en el transcurso de la historia. En este sentido, los cimientos a partir de los cuales se alzó la arquitectura escolar original se encuentran en las bases del discurso actual. Pero en un momento caracterizado por la "aceleración de la historia y la reducción del presente" (Canales Guerrero y Málishev Krasnova, 1999, p. 81) es el devenir reciente lo que más determina e influye las cosmovisiones y planteamientos que rigen la profesionalidad del profesorado.

Partiendo de esta premisa, podríamos afirmar que la profesionalidad docente actual es, principalmente, deudora y heredera de la escena educativa de las últimas décadas. Ante lo cual conviene reformular la cuestión anterior y preguntarnos: ¿qué fenómenos han marcado la historia escolar reciente? Revisando el (ya no tan) nuevo siglo, destacan principalmente los acontecimientos recogidos en la Figura 5.

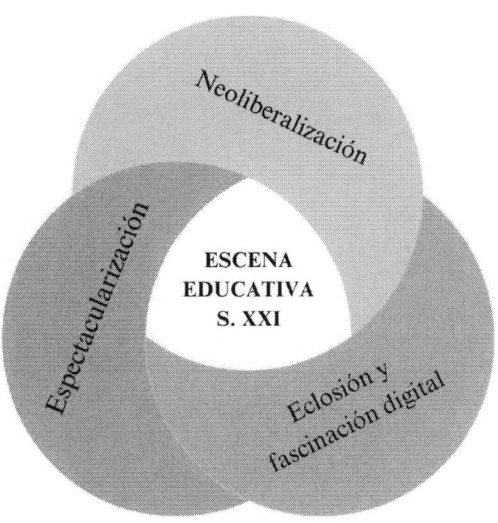

Figura 5. Principales acontecimientos del siglo XXI que han mediatizado
el discurso sobre la profesionalidad docente

Los fenómenos plasmados en el esquema anterior forman la trinidad que rige el nuevo ecosistema social y, por ósmosis, el nuevo ecosistema educativo. Sus sinergias y concatenaciones han ido componiendo el Credo de la profesionalidad docente actual, mediante la definición de expectativas, pero también de formas de trabajo y de pensamiento. Lo que ha propiciado la tecno-conversión del profesorado, mediante los procesos y fenómenos que se detallarán a continuación.

La escuela neoliberal: el triunfo del Estado del malestar

Uno de los acontecimientos históricos que ha agitado con mayor intensidad los cimientos clásicos del modelo educativo español es la crisis económica iniciada en el 2008, y acentuada en el sector educativo a raíz de la publicación del *Real Decreto-ley 14/2012, de 20 de abril, de medidas urgentes de racionalización del gasto público en el ámbito educativo* (Jefatura del Estado, 2012). Con él llegaron los temibles recortes en educación, eufemismo de lo que en realidad supuso el desmantelamiento radical del sistema educativo público español. Una auténtica ofensiva neoliberal que dinamitó el sistema clásico de "bienestar escolar" para conceder el triunfo definitivo al mercado.

Frente al modelo de estado intervencionista, el neoliberalismo apuesta por una reconceptualización de su papel y de la propia esencia de lo público, instaurando el *New Public Management* o Nueva Gestión Pública (Barzelay, 2001). Esto pasa por supeditar las distintas esferas de la vida al desarrollo y al crecimiento económico, convirtiendo al mercado en el epicentro del nuevo modelo social. En el terreno educativo esta nueva lógica se materializa, entre otros aspectos, en la implementación de medidas de racionalización del gasto en educación, la búsqueda (a toda costa) de la eficacia y de la eficiencia del sistema educativo, el fomento de la competitividad y la instauración del enfoque clientelar en las familias y, en última instancia, la reducción de la educación a un mero producto de mercado, y la reconversión de la escuela y del sistema educativo en su conjunto en un mercado generador de mercado (Ball y Youdell, 2007).

Conviene destacar que el neoliberalismo no aterriza con esta crisis, sino que ya planeaba en la escena mundial desde la década de los setenta del pasado siglo, como respuesta a las primeras fisuras en la legitimidad del capitalismo industrial (Harvey, 2007). El prolongado gobierno de Margaret Thatcher, y su potente alianza con Ronald Reagan, lo legitimarían progresivamente como la opción válida para solucionar un modelo de Estado tradicionalmente calificado como "del Bienestar", pero que se concebía cada vez más como obsoleto y acabado. No obstante, pese a la longevidad del neoliberalismo, los procesos de neoliberalización, es decir, de penetración de esta lógica, sí que irrumpieron y se agudizaron en la escuela española principalmente a partir de la crisis del 2008, que inauguró una auténtica era del malestar.

El sistema educativo actual es hijo de las penurias de esta etapa, lo que ha provocado que la incertidumbre, el continuo cambio e incluso la precariedad se naturalicen y se conciban como elementos inherentes al trabajo docente. Derivado de ello, el profesorado se ha convertido en una "especie" con alta capacidad para adaptarse a condiciones extremas de vida escolar, como demuestra el todavía elevado número de escuelas-barracones, o las dudosas condiciones de ventilación y climatización de algunas aulas en un escenario donde el aire acondicionado está generalizado en la mayoría de las organizaciones laborales y, especialmente, en el resto de instituciones públicas. Pero la capacidad del profesorado para adaptarse a la adversidad trasciende las cuestiones relacionadas con la seguridad y el bienestar laboral. El incremento progresivo de las ratios, la escasez de recursos para la atención a la diversidad, o el incremento de las horas de atención al alumnado, por citar algunos ejemplos, así lo demuestran. Pese a ello, durante años, las políticas de disminución del gasto público en educación se han combinado efectivamente con ataques explícitos y deliberados a la escuela pública y a su profesorado, acusado de desfasado en el mejor de los casos, pero también de holgazán, protestón y aprovechado. Consideraciones que llevaban a Gil (2012) a preguntarse en dicho momento cuánto se tardaría en recuperar la ley de vagos y maleantes, pero para aplicarla en esta ocasión al colectivo docente.

Los aspectos citados evidencian que tanto el contexto institucional como el informal han resultado hostiles para el profesorado en la década anterior. Esto les ha sumido en una espiral de continuo y acelerado cambio, de inseguridad e incertidumbre. Lacras que, pese al paso de los años y la renovación generacional, han dejado huella en el colectivo, ahora marcado por el miedo aceptado, la ansiedad naturalizada, la culpabilización conformista. Estos binomios antagónicos no se viven como una contradicción en la escuela, sino como rasgos inherentes al trabajo docente, ratificando la tesis de Hargreaves (1995, 1996) respecto a la disciplinarización de las culturas de trabajo docente. En este sentido, la constante presión, institucional y social, ideológica y discursiva, a la que se ha visto sometida el profesorado lo ha colocado en una posición de extrema sensibilidad y vulnerabilidad.

En un primer momento, el colectivo docente reaccionó ante ello prestando lucha y protesta, cuyo máximo exponente fue la denominada como "Primavera valenciana", que brotó y floreció en la Comunitat Valenciana, uno de los contextos más azotados por el huracán neoliberal educativo. Pero, pese a las protestas y reivindicaciones, los recortes se sucedieron curso tras curso dejando al profesorado cada vez más hastiado, agotado, extenuado, pero también más desencantado de un sistema educativo del que antes ostentaba la corona, y en el que ahora se veía reducido a ser un mero peón en una partida dominada por otros, y ante un tablero cambiante y cada vez más desconocido. Progresivamente, estos fenómenos fueron erosionando la actitud de resistencia inicial que, tradicionalmente, ha definido al profesorado, para pasar a una actitud de resignación y de aceptación de los cambios. Y, posteriormente, de naturalización e incluso de rendición voluntaria. Todo ello en un intento por encajar en el nuevo ecosistema educativo, por ajustarse a los patrones y a las concepciones emergentes respecto al buen docente.

Estos fenómenos presentan una notable complejidad, ya que van más allá de simples cambios en herramientas o prácticas. Provocan una transformación profunda en los significados asociados a la profesión y a la profesionalidad docente. Conceptos que ahora se redefinen en términos economicistas relacionados con la productividad, el rendimiento, el éxito y la calidad neoliberal. Este contexto modifica tanto las percepciones sociales como las autopercepciones del profesorado respecto a lo que implica ser un "buen docente" en la actualidad. Ser un buen docente ahora implica adoptar el trabajo digital y sus características: flexibilidad, adaptación al cambio constante, convivencia con la incertidumbre y, por ende, con la precariedad. Todo esto con el objetivo de enfrentar eficazmente los retos y desafíos del siglo XXI, o en otras palabras, de ajustarse a los nuevos estándares de rendimiento y de cumplir con las exigencias del mercado.

Eclosión y fascinación digital: la escuela a los pies de nuevos ídolos

Sin lugar a duda, la irrupción y rápida generalización de las tecnologías digitales en las aulas constituye otro acontecimiento que ha revolucionado la historia escolar reciente y que, por tanto, también ha mediatizado e impregnado los discursos sobre la profesionalidad del profesorado. Por tanto, la eclosión digital de los últimos años también viene sumando esfuerzos y sinergias con los fenómenos anteriormente expuestos para consolidar la tecno-conversión docente.

Las tecnologías ya gravitaban en la órbita educativa desde la década de los setenta, mediante las reivindicaciones para aprovechar el potencial didáctico de la radio y de la televisión, posteriormente reconducidas hacia el uso educativo del vídeo y de la computadora en los noventa. Pero es también a partir de la década del 2010, coincidiendo con el periodo de transición hacia el modelo educativo neoliberal, cuando empieza a producirse la auténtica metamorfosis digital del ecosistema educativo, con la introducción en las aulas de artefactos tecnológicos diversos (PDI, ordenadores, Chromebooks, tabletas, etc.) y, especialmente, con la progresiva implementación de las plataformas digitales como herramientas de trabajo cotidiano en la escuela. En un momento de alta vulnerabilidad y ante un profesorado ocupado y urgido por defender a la escuela de la ofensiva neoliberal, las tecnologías digitales penetraron en la esfera educativa sin encontrar prácticamente oposición, incluso de forma invisible, camuflada. Los recortes actuaron como un poderoso elemento distractor, como una especie de cortina de humo que despistó la atención y la acción del profesorado, ocultando el verdadero potencial transformador de su llegada. De esta forma, se inició un proceso de apropiación de las tecnologías digitales y de su lógica que dio lugar al surgimiento y consolidación del ecosistema educativo digital, acentuando la tecno-conversión del profesorado. Un proceso en el que pueden identificarse tres etapas o estadios, representados en la figura 6.

Figura 6. Estadios de materialización del ecosistema educativo digital y
de la tecno-conversión docente

El primer estadio emana del propio contexto social y se deriva de la presencia masiva y generalizada de las tecnologías digitales en las distintas esferas de la vida humana. De manera que, ante un contexto cada vez más digitalizado, la progresiva implementación de estos artefactos en la escuela se asume como algo natural, concibiéndolas como recursos cotidianos. El profesorado procede a su generalización y naturalización como algo inevitable, derivado de la propia inercia social. Si recurrimos una vez más al material recopilado en el trabajo de campo de la ya citada investigación (Pardo Baldoví, 2022), este fenómeno se aprecia cuando una maestra de Infantil relata que ha incorporado las tecnologías en el aula porque "no hay más remedio, no hay más tutía" (Entrevista docente de Infantil), cuando otra docente, en este caso de Primaria, afirma que trabaja con tecnologías porque ahora "todo es así" (Entrevista docente tutora de Primaria) o cuando un Coordinador TIC de centro señala que "veíamos como avanza la sociedad, lo que va demandando siempre es utilizar las nuevas tecnologías" (Entrevista Coordinador TIC de centro). En el trasfondo de estas declaraciones subyace la percepción de la transformación digital de la escuela como una especie de *fatum*, de hado del que no se puede escapar, una fuerza del destino tan irrefrenable como irremediable, como también se refleja cuando una directora argumenta que ante la irrupción digital "no se puede luchar, es aceptar. Hemos hecho una aceptación. Porque eso va a ser así, y para atrás no va a ir" (Entrevista directora de centro escolar).

Una vez instaladas en la escena educativa, las tecnologías digitales pasan a presentarse no solo como recursos disponibles, sino también como recursos deseables. Este fenómeno se nutre una vez más de las cosmovisiones sociales sobre las tecnologías, que inciden en su potencial transformador y optimizador. Ante una escuela diezmada y degradada por los recortes y la escasez, las tecnologías digitales pasan a concebirse como tablas de salvación que devolverán el esplendor y reforzarán la calidad educativa. Esto provoca la transición de la generalización a la idealización, de forma que las tecnologías ya no son contempladas por el profesorado como algo inevitable, sino como algo recomendable en la escuela, como un sello de calidad e innovación educativa. Esto queda patente cuando en la citada investigación una de las maestras entrevistadas afirmaba que trabajar con tecnologías "es mucho más divertido que un libro. Y que el aprendizaje es mejor" (Entrevista docente tutora de quinto de Primaria), o cuando otro maestro apuntaba que "para los chiquillos es mucho más ameno […] que la típica libreta, el escribir, fotocopias, y yo lo veo así" (Entrevista docente tutor sexto de Primaria). Estas declaraciones evidencian la polarización que se produce entre el modelo de escuela analógica, considerado como caducado, propio de un pasado gris sujeto a la *lectio magistralis*, anclado en el estatismo y el encorsetamiento del libro de texto; frente al modelo de escuela digital al que se le atribuye un futuro brillante. Un fenómeno que se vislumbra cuando otro de los profesionales de la educación entrevistados, en este caso un Inspector, declaraba en las entrevistas que la implementación de tecnologías digitales en la escuela permite "llegar a un estadio más contemporáneo que vaya en función del ritmo de los vientos" (Entrevista Inspector de Educación). Un estadio que, sin lugar a dudas, es fruto de la asunción del tecnodiscurso imperante y de la visión de la escuela digital como la escuela del futuro. Lo cual constituye un rasgo evidente de la tecno-conversión docente, y de cómo las tecnologías digitales son idolatradas y mistificadas (Barthes, 1997; Postman, 1994).

De la mano de esta fascinación digital emerge la legitimación de las tecnologías digitales no solo como elementos disponibles y deseables, sino como recursos imprescindibles para ofrecer una educación de calidad y adaptada a las características sociales, lo que supone el tercer y último estadio de materialización del ecosistema educativo digital y de tecno-conversión del profesorado. Esto se muestra cuando uno de los tutores entrevistados planteaba que "No podemos obviar la realidad. Y quien la obvie no va por buen camino [...] obviar esa realidad creo que es uno de los errores pedagógicos más grandes que pueda cometer un docente o un centro" (Entrevista docente tutor de sexto de Primaria). En este sentido, la concepción (controversial pero hegemónica) del alumnado actual como "nativo digital" (Prensky, 2011) provoca que la mayor parte del profesorado acepte y legitime el uso de las tecnologías digitales en la escuela, con la voluntad de prestar a sus estudiantes la mejor atención y educación posible. Incluso que superen sus dificultades y resistencias iniciales en pro del bienestar de su alumnado, como manifestaba una de las maestras entrevistadas, señalando que:

> los niños que tenemos hoy en día pues son digitales, como aquel que dice, han nacido en la era digital, y si yo soy maestra que no he nacido en esa época pues me tengo que espabilar y entrar en esa era. (Entrevista docente de música)

La declaración anterior constituye una buena muestra de que la supuesta "naturaleza digital" del alumnado actual apela directamente a las funciones y responsabilidades del profesorado, dispuesto a modificar su trabajo y a sacrificar su opción pedagógica inicial para atender a los intereses y demandas de sus estudiantes. Un sacrificio que se presenta y se concibe como vocación docente. En tanto sacrificio, este proceso de adaptación y reconversión no está exento de esfuerzo y trabajo por parte del profesorado, como ellos mismos reconocen al señalar que "hemos hecho un ejercicio muy grande los de mi generación para adaptarte a estos tiempos" (Entrevista docente tutor de quinto de Primaria), que "nos tenemos que poner un poco más las pilas" (Entrevista directora de centro escolar), o que tenemos que "cogerle más caña" (Entrevista docente de inglés). Estas afirmaciones evidencian hasta qué punto las tecnologías digitales son concebidas por el profesorado como recursos educativos imprescindibles en la escuela actual. Pero en su trasfondo también se intuye otro fenómeno de gran interés: el cuestionamiento (consciente o inconsciente) a las opciones docentes que no trabajan con tecnologías digitales o al menos que no lo hacen con la intensidad y entusiasmo reclamados a nivel social. Es precisamente esto lo que evidencia la profundidad y el calado de la tecno-conversión, que moldea el trabajo del profesorado, pero que también disciplina su pensamiento, las formas de entender y significar el trabajo en la escuela.

La asunción de las tecnologías y la fascinación digital contribuyen en alto grado a esta disciplinarización, pero también lo hace la cultura de la culpa, fraguada a raíz de la neoliberalización, y la consecuente voluntad por ajustarse a las expectativas sociales y a los marcos sobre la profesionalidad docente, por encajar en el sistema y ¿por qué no? por destacar. En un escenario dominado por la meritocracia, el individuo es responsabilizado (y también culpabilizado) por la posición que ocupa en un entorno social profundamente desigual, lo que lo empuja hacia una cultura narcisista y precaria (Lasch, 1999). En este contexto, el profesorado se ve interpelado a transformarse en un emprendedor que debe ascender en el sistema meritocrático y autogestionarse de manera eficiente y competente. De este modo, se disfraza como emprendimiento lo que, en realidad, no es más que la reproducción de la lógica dominante y la subordinación a las demandas del mercado. Instaurando con ello un individualismo extremo y radical, que excluye al individuo incluso de su propia identidad, alienándolo y reduciéndolo a una mercancía que, a su vez, perpetúa y refuerza la lógica del mercado. No solo se mercantiliza el trabajo, sino también al propio docente como sujeto. Y es ligado a estos aspectos cuando emerge el último de los elementos que contribuye a ensamblar el discurso sobre la profesionalidad docente y a materializar la tecno-conversión: la espectacularización de la vida y del sujeto, en la cual incidiremos seguidamente.

Espectacularización y culto al "yo": la escuela en la era del postureo

Aristóteles (2005) planteó que los seres humanos somos seres sociales por naturaleza. Esta idiosincrasia humana entraña dos implicaciones importantes, de las cuales el profesorado no escapa. En primer lugar, necesitamos ser aceptados por los demás, lo que nos aboca a querer cumplir las expectativas externas. Derivado de ello, como seres sociales hemos desarrollado la capacidad para moldear nuestra conducta y nuestro comportamiento en función de las características del contexto con el objetivo de encajar en los patrones normativos y hegemónicos establecidos por la sociedad. En función de estos aspectos, la imagen social que proyectamos constituye una preocupación constante. A esta tesis indicaba Debord (1967) describiendo una sociedad dominada por la imagen, por las apariencias. Una sociedad del espectáculo en la que aquello que se muestra y se representa resulta más importante que aquello que se "es". Incluso una sociedad en la que la propia identidad se conforma a partir de las percepciones que los otros manifiestan sobre el sujeto.

Atendiendo a estos aspectos, la voluntad por satisfacer las expectativas sociales y por obtener reconocimiento como docente actualizado y "digno" de la escuela del siglo XXI constituye la premisa de partida para que el profesorado asuma e incorpore las tecnologías digitales en las aulas, en un intento por desmarcarse y desvincularse de esa concepción del docente como un agente anclado al pasado. Frente al modelo tradicional o analógico, hoy contemplado como un anacronismo, trabajar con tecnologías en el aula constituye un buen mecanismo para obtener rédito social y para ser valorado como un profesional capacitado y competente. Esta correspondencia del trabajo con tecnologías con la visión hegemónica sobre el docente ideal no solo propicia que el profesorado incorpore estos artefactos en su día a día, sino que también actúa como elemento legitimador de esta opción pedagógica y de la propia escuela digital. Es decir, la presencia masiva y generalizada de tecnologías en la escuela refuerza las tesis sobre la importancia de incluirlas. Esto llega a convertir a las propias tecnologías en epicentros de una nueva cosmología escolar, en torno a los cuales gravitan múltiples satélites como son la optimización educativa, el avance, la innovación, la motivación y el interés del alumnado, e incluso su felicidad. Por lo que se establece un proceso cíclico con potencial autolegitimador que parte de la consideración de que cuanta más tecnología se utilice mejor profesional se es, dando así rienda suelta a la eclosión digital en la escuela y también a la legitimación de la imagen del docente digital como docente ideal. Un aspecto que remite a ese sujeto convertido en "consumidor de ilusiones" al que también apuntara Debord (1967).

La voluntad por encajar en el "molde" del buen docente constituye un potente revulsivo para consolidar y legitimar el nuevo ecosistema educativo, pero también para que el profesorado pueda ofrecer la imagen que de él se espera. Lo cual, en una sociedad como la actual, dominada por lo que se conoce como "postureo", adquiere más relevancia que nunca, porque la preocupación por la imagen que proyectamos hacia el exterior (a la que anteriormente aludíamos) puede llegar a convertirse en una obsesión. En atención a estos aspectos, Bonavitta (2010) defiende que el sujeto actual constituye en sí mismo una imagen, una ilusión. Un sujeto que es capaz de (auto)espectacularizarse para ser reconocido por los demás, para quien el logro de la visibilidad constituye su máxima aspiración de existencia.

Conviene destacar que los fenómenos expuestos en los dos epígrafes anteriores, la neoliberalización de la escuela y la eclosión digital, coinciden históricamente con lo que podríamos denominar como el *Big Bang* de las redes sociales. Es decir, el surgimiento y la generalización en nuestras vidas cotidianas de estos elementos. Lo cual, indudablemente, constituye otro acontecimiento histórico que ha marcado la escena social y educativa de los últimos años, y que ha mediatizado nuestras formas de entender la comunicación y las relaciones humanas, pero también las propias profesiones y el concepto de profesionalidad. Desde que en el año 2003 se crearan MySpace y LinkedIn se inició un proceso imparable que ha dado lugar a la proliferación de múltiples redes sociales, entre las cuales destacan especialmente Facebook (creada en 2004), YouTube (en 2005), Twitter (2006) (ahora X), WhatsApp (2009), Instagram y Pinterest (2010), y TikTok (2016). En la actual era de las redes sociales el sujeto ya no es solo una imagen, sino que incluso puede llegar a reducirse a algo "medido" y "valorado" en función del número de visualizaciones y de *likes*. Es aquí cuando la fascinación y la veneración que gravitan en torno a las tecnologías digitales se trasladan hacia el propio sujeto digitalizado, ya sea un *influencer* famoso o, en su particular ecosistema, un docente digital.

Estos aspectos evidencian que, en la actualidad, el discurso sobre la profesionalidad docente ya no se fragua únicamente en torno a aquello prescrito a nivel formal y oficial. Sino también a partir de aspectos más líquidos y sutiles, reinventando la adaptación a los estándares para ajustarla a los tiempos actuales. La finalidad es la misma, lo que cambian son los medios. En el trasfondo sigue latiendo la normatividad y una noción concreta y específica sobre el "docente deseable", pero ahora el cambio ya no se presenta tanto como desactualización, como ocurre con la formación (que durante décadas ha constituido la principal vía para moldear al profesorado); sino como un signo de distinción, como una muestra de calidad y de excelencia. La profesionalidad y la "competencia" docente no apelan a convertir al profesorado en un docente cualquiera de la escuela digital, sino a erigirlo en un docente destacado, en un referente del nuevo ecosistema educativo. Esta pretensión se aprecia claramente en la eclosión de los premios a docentes inspiradores, como los Global Teacher Award, los Global Teacher Prize, denominados como "Nobel de la educación" o los Premios Educa Abanca, bautizados por extensión como los "Goya de la educación". Sin lugar a dudas, un auténtico boom de distinciones que han ejercido un fuerte impacto en la escena social española (y mundial) y que llevan a Barnés (2021) a preguntarse ¿cuántos "mejor docente" puede llegar a haber en nuestro país? Cuestión que Martí (2022) responde aludiendo a que puede haber decenas, cientos, tantos como puedan ser movilizados por las "ansias de notoriedad [...] por la necesidad de autopromoción".

Estos planteamientos también son compartidos por múltiples iniciativas que gravitan en la escena educativa actual. Como ejemplos podemos destacar el Premio Europeo a la Enseñanza Innovadora, los sellos de calidad y los premios eTwinning convocados por la European Schoolnet (el consorcio de Ministerios de Educación europeos), o los Premios Nacionales a Experiencias Educativas Inspiradoras para el aprendizaje concedidos por el INTEF. Pero también otras propuestas que emanan del sector privado, como el Premio "Grandes iniciativas" (anteriormente conocido como "Grandes Profes, Grandes iniciativas") patrocinado por la Fundación Atresmedia y la Fundación La Caixa, los Premios a la Innovación Educativa y las Experiencias Docentes de SIMO Educación, o el Programa ADE (*Apple Distinguished Educator*) de Apple, por citar algunos.

Todas las iniciativas citadas, aparentemente, se dirigen a reconocer la profesionalidad docente. Pero no inciden en su noción clásica entendida como un encajar en el sistema, sino como un destacar. No se dirigen a "transformar" al profesorado en un buen docente, sino en el mejor, en el más deseable, en el más destacado. Y para ello ya no recurren a la prescripción explícita, sino a una suerte de persuasión encubierta, a aquello que García Ferrer (2019) denomina como "imperio de la seducción". Este actúa como un poderoso mecanismo de psicopolítica mediante el cual la transformación ya no emana de la orden, sino del deseo, no responde a la normativa, sino al placer. Un placer que no emerge tanto de satisfacer las expectativas sociales, sino las necesidades de ego en una era dominada por el "yoísmo", es decir, por el culto al ego.

Por ello, la tecno-conversión constituye un fenómeno complejo que trasciende el mero uso de tecnologías digitales en el aula. Es una profunda metamorfosis a partir de la cual el profesorado se moldea en función de los postulados de la nueva sociedad digital, convirtiéndose en un sujeto performativo (Butler, 2009), un sujeto en representación y actuación constante, un sujeto que vive por y para la obtención de rédito social y cuyo máximo exponente es el *influencer* educativo, uno de los protagonistas del nuevo ecosistema educativo digital y, por tanto, una de las "especies docentes" que describiremos en el bestiario del capítulo siguiente.

En definitiva, la información expuesta en este capítulo evidencia que la voluntad por satisfacer las expectativas sociales y por obtener mayor rédito y valoración como profesionales competentes lleva al profesorado a asumir el uso de las tecnologías digitales en la escuela, pero también la transformación global de su trabajo y de su función en el ecosistema educativo. Esto constituye un proceso complejo, que hemos denominado como tecno-conversión, fraguado a la luz de las sinergias y relaciones que se establecen entre los fenómenos que rigen y determinan la escena educativa. Entre ellos destaca el viraje tecnófilo de la formación permanente del profesorado, pero también otros sucesos con gran potencial para moldear y disciplinar la conducta y el pensamiento del profesorado. Por ejemplo, la neoliberalización de la escuela, responsable de sumir al profesorado en la cultura de la incertidumbre y de la culpa, convirtiéndolo en un individuo siempre en curso, en un sujeto flexible y moldeable, forzado a adaptarse continuamente a las exigencias de un entorno líquido, cambiante y cada vez más digital. Esto le lleva a asumir e incorporar las tecnologías digitales en su trabajo, inicialmente como un fenómeno irremediable, como una especie de "mal menor" que les nutre de nuevos recursos. Una concepción que, progresivamente, avanza hacia escenarios más tecnófilos en los que las tecnologías se conciben como recursos educativos optimizadores e innovadores y, finalmente, como recursos educativos imprescindibles en la escuela actual. Lo que coloca al profesorado nuevamente en la casilla de partida: la necesidad de trabajar con tecnologías para cumplir con las demandas y expectativas sociales. Un fenómeno que, una vez más, interpela al docente a transformarse, a tecno-convertirse, a adoptar un nuevo *habitus* que le permita sobrevivir en el nuevo ecosistema educativo. En definitiva, a experimentar un proceso de remodelación del cual emerge una nueva subjetividad docente, marcada por las mismas características que subyacen a la escuela digital. Una subjetividad que denominaremos como Pr(of)ecariado, y en la que profundizaremos a continuación.

Pr(of)ecariado: la adaptación de la subjetividad docente a las nuevas geografías de la precariedad

Como venimos defendiendo, la tecno-conversión supone una transformación profunda del trabajo docente, pero también de las cosmovisiones del profesorado, de sus formas de pensar y significar la escuela y la docencia. Hasta el punto de que propicia la emergencia de un nuevo *ethos* docente deseable y modélico (Rodríguez Amaya, 2019), forjado a imagen y semejanza del ecosistema educativo digital. Un *ethos* que, si bien es asumido por el profesorado en distintos grados y con matices diversos (como se detallará en el capítulo cuarto), constituye la imagen ideal del docente actual, la que rige el imaginario social sobre cómo debe ser el profesorado, y la que es socialmente asumida y reconocida como la opción válida y legítima para el nuevo ecosistema educativo digital.

Estas proyecciones sobre el profesorado "ideal" conectan con la tradición que concibe la docencia como una vocación, como una especie de llamada que, emulando al sacerdocio, emana de una suerte de designio divino y cuya finalidad se orienta al servicio. La docencia, en tanto vocación, exige sacrificio, persigue un modelo docente sumiso y conformista con las condiciones particulares de su trabajo. Con ello, el discurso sobre la profesionalidad se erige en un mecanismo privilegiado para encubrir la precarización del trabajo docente y del profesorado en sí mismo (Rivera et al., 2021). Dos siglos después de que la filosofía, de la mano de Nietzcshe y Hegel, pregonara la muerte de Dios, esta concepción sagrada de la docencia puede parecer descontextualizada, incluso anacrónica y carente de sentido. Pero no debemos olvidar que nos encontramos en una era marcada por la espiritualidad *New Age* (Lenoir, 2005), en la que nuevos ídolos vienen a ocupar el vacío. Entre ellos ya hemos aludido a las tecnologías digitales, pero también el "*self-emprendedor*" logra hacerse un hueco en el nuevo Panteón.

El *self*-emprendedor, presentado como un individuo autónomo, autodidacta y "hecho a sí mismo", constituye una vez más una operación cosmética. Al igual que anteriormente aludíamos a cómo la fascinación digital logra camuflar el tecnocentrismo como innovación y modernidad, el *self*-emprendedor maquilla el sacrificio divino presentándolo como empoderamiento, superación y crecimiento personal. Estos valores constituyen un auténtico credo en la sociedad actual, donde el clásico *dolce far niente* reivindicado por los italianos ha sido sustituido por nuevos mantras de la cultura del esfuerzo. Una sociedad donde los libros de autoayuda y de crecimiento personal ocupan un lugar privilegiado como *Best Sellers*, y donde se entroniza y asume como líderes de *coaching* a personajes que son la cúspide de nuevas sectas *new age* (y de nuevas estafas piramidales). En resumen, un nuevo ecosistema social forjado a golpe de neoliberalización y de transformación digital, pero también a golpe de postureo, donde se entroniza a los emprendedores y triunfadores hechos a sí mismos, no sin altas dosis de perseverancia y "actitud". El escenario perfecto para el triunfo de la meritocracia, camuflada bajo la apariencia de igualdad de oportunidades, fruto de la ideología neoliberal. La cual, como expone Dubet (2012), lejos de intentar reducir las desigualdades existentes, desplaza el foco de atención, responsabilizando al individuo por su lugar en el sistema social y por las consecuencias que de ello se derivan.

Estos valores no son nuevos, en ellos subyace el "espíritu del capitalismo" formulado por Weber (2012), que "santifica" el trabajo, propiciando la aceptación sumisa y resignada de las condiciones en las que este se desarrolla, por precarias que sean. Así, el discurso sobre la profesionalidad docente articula racionalidades y dispositivos con carácter performativo, es decir, que "hacen hacer" (Boltanski, 2009). Sin imponer, ni recurrir a la coerción o a la prescripción explícita, moviliza al profesorado a poner en circulación determinadas prácticas y planteamientos. Apelando a la vocación y al buen desempeño se moldea y disciplina el comportamiento y el pensamiento del profesorado hasta ajustarlo a las demandas del actual capitalismo de plataformas.

En el trasfondo de este fenómeno late un intenso proceso de resubjetivación del profesorado, fruto del cual se configura un nuevo *habitus* docente (Bourdieu y Passeron, 1981) que implica la normalización y asimilación del *habitus* propio del capitalismo de plataformas. A partir de esta premisa, se promueve la figura del docente innovador, creativo y emprendedor como el ideal deseable en el entorno escolar. No obstante, este docente opera en un contexto marcado por la constante aparición y acumulación de innovaciones, lo que genera un escenario de inseguridad, incertidumbre, inestabilidad y, por tanto, precariedad, obligándolo a una continua (re)construcción de su identidad. Un docente sumido en la paradoja de la libertad, que si bien se proyecta como autónomo, libre e independiente, en realidad su trabajo se desarrolla en un entorno desregulado pero sometido a una fuerte sobrerregulación (Grimaldi y Ball, 2019). En este caso, la regulación no proviene tanto de la Administración Educativa, sino del propio mercado, concretamente del valor de mercado. La performatividad se convierte en el mecanismo que sirve a estas dinámicas, mientras que las tecnologías digitales actúan como dispositivos a través de los cuales se ejerce control.

Este docente no solo habita un ecosistema educativo incierto e inestable, sino también sometido a las exigencias y demandas del mercado. Lo que provoca que la performatividad anteriormente citada se oriente a cumplir con estos fines. Así, en un contexto donde la *res publica* se convierte progresivamente en *res oeconomica* (Martínez Bonafé, 2012), el docente también se reduce a mercancía, habitando una nueva "forma de vida", el *homo oeconomicus* (Foucault, 2009), un sujeto emprendedor y empresario de sí mismo, que se auto-produce para ajustarse a las exigencias del mercado, cosificándose y esclavizándose en el proceso. De este modo, se instaura un nuevo marco simbólico e interpretativo que desmantela las formas tradicionales de entender y ejercer la docencia, debilitando los principios éticos que la han sostenido, que ahora se precarizan.

Este carácter precario es experimentado y encarnado por el profesorado actual en las tres dimensiones identificadas por Lorey (2016): como condición precaria, como precariedad y como instalación de la precarización como una nueva forma de gubernamentalidad. La condición precaria se asocia con la vulnerabilidad, situando al profesorado en un contexto de adaptación continua e incertidumbre, lo que lo lleva a aceptar la degradación de sus condiciones laborales y a legitimar la nueva configuración del trabajo descrita en el capítulo anterior, marcada por una intensa precariedad. Esta condición precaria se refleja cuando los docentes participantes en la citada investigación (Pardo Baldoví, 2022) comentan, por ejemplo, que tienen: "unos compañeros muy buenos que están 24 horas al día trabajando" (Entrevista docente tutora de Educación Infantil). Un planteamiento que evidencia no solo la naturalización de la condición precaria, sino incluso su interpretación positiva, por la asunción del nuevo *ethos* docente que reduce la docencia a una especie de "cuasiprofesión" (Tenti, 2007), en la cual el profesorado es reducido a un técnico ejecutor altamente precarizado, materializando con ello la segunda de las dimensiones citadas: la precariedad del profesorado. De la mano de estos aspectos aparece la última de las dimensiones, la precarización entendida como una metamorfosis del profesorado, como su tecno-conversión para ajustarse y ceñirse a los postulados del nuevo ecosistema, en definitiva, como una nueva forma de gubernamentalidad. Fenómeno que también se evidencia en las concepciones y posturas del profesorado participante en la citada investigación, por ejemplo, cuando afirman respecto a la intensificación derivada del trabajo digital que "sarna con gusto no pica" (Entrevista a un Coordinador TIC). Una declaración que constituye una muestra clara de la resubjetivación docente.

Fruto de todo ello, emerge una nueva subjetividad docente, que conceptualizamos con el nombre de Pr(of)ecariado. La cual constituye la versión docente de las subjetividades propias del capitalismo de plataformas propuestas por diversos autores como el "cognitariado" (Berardi, 2007), el "precariado" (Standing, 2014), el "cybertariado" (Huws, 2003), el "infoproletariado" (Antunes y Braga, 2009) o el "bio-proletariado" (Fleming, 2013). Calificativos que aluden a una realidad común: la de un sujeto que habita en la vulnerabilidad extrema propia de la actual sociedad digital, un individuo precario y precarizado, que constituye una nueva forma de servidumbre y (auto)explotación del capital humano en el capitalismo de plataformas. El Pr(of)ecariado es, pues, una subjetividad docente precaria, precarizada y precarizante. En cuyo trasfondo se encuentra la proletarización y precarización tanto del trabajo pedagógico como del propio profesorado, dando lugar a la figura del "maestro-mercancía" descrita por Martínez Bonafé (1999), que no solo vende su fuerza de trabajo a cambio de un salario, sino que a través de ella lleva a cabo procesos que reproducen la fuerza laboral como mercancía, ajustándose a los principios del mercado.

En definitiva, en el nuevo ecosistema educativo estamos asistiendo a la emergencia y progresiva expansión de un nuevo *habitus* docente: el Pr(of)ecariado, que constituye, a su vez, un nuevo modelo, *ethos*, tipología y forma de subjetividad. Este es fruto de los intensos procesos de resubjetivación del profesorado y constituye, a la vez, víctima y verdugo de la escuela digital, de su lógica y del modelo organizativo al que responden. Este agente, si bien experimenta las consecuencias del trabajo con tecnologías digitales, también las reproduce y llega a legitimarlas, de forma más o menos consciente. Es un docente que trata de sobrevivir en una escuela cada vez más precaria, menos habitada y más digital. Y que, ante el peligro de la extinción de la mano de nuevas "especies" más sofisticadas como las plataformas de aprendizaje personalizado o la inteligencia artificial, no tiene otra salida que la transformación, la mutación, la tecno-conversión.

La tecno-conversión es experimentada por el profesorado de forma particular, en función de cómo se vea afectado por los anteriormente detallados factores abióticos, pero también en función de sus propias características, de su idiosincrasia singular. Algunos optan por resistir al máximo de sus posibilidades, sobreviviendo en un medio hostil y ejerciendo como voz que clama en un desierto cada vez más incierto y precario. Otros, por el contrario, se adaptan completamente a la nueva lógica para tratar de redimir su salvación, pese a que ello comporte perder su identidad como sujeto de saber y como agente de conocimiento, para mutar en un facilitador y dinamizador en el mejor de los hábitats, y en un gestor y ejecutor de plataformas o en un sujeto performativo y espectacularizado, únicamente capaz de sobrevivir a base de *likes*, en las geografías más áridas e indómitas. Así, el nuevo ecosistema educativo se convierte en el entorno perfecto para albergar, dar cobijo y propiciar la emergencia de nuevas especies docentes que constituyen el factor biótico de la escuela digital, que la habitan y la transitan, que la construyen día a día y que, con ello, se reconstruyen a sí mismas. Especies que trataremos de describir en el próximo capítulo. Adentrémonos, pues, en el bestiario docente de la escuela digital.

CAPÍTULO IV

Bestiario docente de la escuela digital

Abriendo la caja de Pandora de la escuela digital: nuevas especies docentes para un nuevo ecosistema educativo

Un bestiario, un zoológico: espejos. Esos que no tenemos en nuestros cuartos de baño, pero en los que conviene ir a mirarse de cuando en cuando.

Cortázar (1978, p. 32).

En el capítulo anterior, indicábamos que el profesorado es una invención social. Una figura que se vertebra en torno a las cosmovisiones y percepciones sociales, que se moldea en función de las características y exigencias del momento, en definitiva, que se adapta a los patrones y esquemas que sobre ella se establecen. Sin lugar a dudas, el profesorado, su trabajo e identidad constituyen construcciones sociales que no permanecen estáticas, sino que resultan vivas y cambiantes. Ahora bien, asumir este planteamiento no implica optar por una visión reduccionista que concibe al profesorado como una especie de autómata totalmente predeterminado por las influencias externas del contexto, como si de las *Kourai Khryseai* fraguadas por Hefesto se tratara. El profesorado es, ante todo, un sujeto. El cual, si bien se ve sometido a procesos y fenómenos de resubjetivación, a presiones e influencias externas, también actúa e influye en dicho contexto. Volviendo pues a la fragua del dios del fuego, el profesorado se asemejaría más bien a otra de sus creaciones, a Pandora, una criatura que fue moldeada, pero que posee capacidad para significar y reconstruir su realidad y, con ello, también para transformarla.

El profesorado construye su identidad a partir de la lógica y de los valores hegemónicos, y de las percepciones y exigencias que de ellos se derivan. Pero también a través de su cotidianeidad, de su vivir y transitar el ecosistema educativo, de sus propias experiencias, con las que va componiendo su historia de vida singular y ubicada en una realidad vital, pero también histórica, cultural y social concreta. En este sentido, el ecosistema educativo transforma al profesorado dando lugar al fenómeno de tecno-conversión expuesto anteriormente. Pero también el profesorado mediatiza este contexto, lo asume, lo reproduce, lo consolida, lo legitima, al tiempo que lo tensiona, lo limita, lo cuestiona, lo enfrenta. Como señalábamos, en el ecosistema educativo digital el profesorado debe necesariamente convivir y trabajar con las tecnologías digitales, con independencia de sus fobias o de sus filias, dado que son elementos naturales del nuevo hábitat escolar. Nadie escapa a la tecno-conversión. Ahora bien, el profesorado experimenta y reacciona ante este fenómeno de formas muy distintas, adoptando "pieles" muy diversas que dan lugar al surgimiento de un nuevo catálogo de especies docentes que compilaremos a continuación en el bestiario de la escuela digital.

Todas estas identidades constituyen exponentes de nuevas formas de vivir y sobrevivir (en) la escuela digital. Los cuales, pese a las diferencias existentes, poseen un elemento común: el reflejo de la metamorfosis digital del profesorado, de la tecno-conversión. Y también de las tensiones y contradicciones entre dos lógicas distintas: la clásica de la escuela y la lógica digital, cada vez más hegemónica y dominante. Este escenario instaura un nuevo marco simbólico que transforma los modos tradicionales de entender y ejercer la docencia. Y que, con ello, propicia el surgimiento de nuevas identidades del profesorado, las cuales, a modo de bestiario, trataremos de conceptualizar y describir en el presente capítulo.

Los bestiarios se remontan a la cultura grecorromana y florecieron especialmente durante el periodo medieval. Sirviéndose de la misma fina línea que en la actualidad separa la ficción de la evidencia, la fantasía de la realidad, los bestiarios recopilaban descripciones sobre distintas especies animales. Pero, más allá de describir y clasificar a estos seres, los bestiarios fueron, ante todo, un instrumento pedagógico, un recurso educativo que compartía la misma finalidad que cumplían en la época los frescos y los retablos: erigirse como medios didácticos para transmitir determinados valores y normas de conducta entre la población. En este sentido, los bestiarios se nutren de la misma lógica que las fábulas, sirviéndose de los atributos y características de las especies que describen como alegoría de la conducta y del comportamiento humano. Sobre esta cuestión poetizó muchos siglos después Cortázar (1978) reivindicando, en la cita que abre este capítulo, que la función del bestiario no es tanto compendiar "especies", sino más bien ofrecer una "especie" de espejo de lo humano.

Siguiendo esta misma premisa, la intención de este capítulo no es solo recopilar y retratar las distintas especies o identidades docentes fraguadas a la luz de la escuela digital, sino ponernos delante del espejo, instarnos a reconocernos en ellas. Pero no con voluntad de fijar doctrina ni con intenciones moralizantes, sino como pretexto para analizar y repensar el presente y el futuro de la figura y del trabajo docente en una era que ya no solo es líquida, sino que se torna cada vez más intangible. Y que, con ello, nos plantea nuevos retos y escenarios, nos presenta una nueva (r)evolución que nos interpela a rehacernos una vez más, como ya lo hiciera con nuestros antepasados constructores de instrumentos.

Dicho esto, conviene aclarar que cualquier intento por clasificar y detallar las identidades docentes de la escuela digital es un ejercicio de claro reduccionismo, incapaz de reflejar la complejidad y singularidad de la realidad. Dado que, como anteriormente reivindicábamos, cada docente se encarna en una historia de vida concreta y única, y vive la escuela digital de un modo distinto. No obstante, en el análisis sobre el impacto de la tecno-conversión se detectan tendencias, rasgos compartidos y visiones comunes que pueden facilitar la comprensión de las transformaciones que el ecosistema digital provoca sobre las identidades docentes, y de cómo el profesorado vive y canaliza estos cambios. Cuestiones sobre las que conviene pensar y reflexionar para tratar de que el nuevo ecosistema no acabe fagocitándonos, sino que podamos encontrar mecanismos para que nuestra existencia docente continúe no solo sobreviviendo, sino viviendo la escuela plenamente.

Inmersos como estamos en el ecosistema digital, para la confección de nuestro bestiario recurriremos a la asistencia de la tecnología, no como elemento nuclear, sino como lo que debería ser en la escuela, como recurso para enriquecer y complementar las ideas y tesis que se expongan. En concreto, se utilizará la herramienta Copilot (la alternativa de Microsoft a ChatGPT), la cual, ciñéndonos a su nomenclatura, se nos presenta como un copiloto dispuesto a ayudar. En este caso, la "ayuda" consistirá en la creación de imágenes, características de los bestiarios, que permitan ilustrar y retratar las distintas especies docentes que se detallarán. Les rogamos pues que no se dejen eclipsar por el poder de la imagen, sino que se detengan en leer el texto y en reflexionar sobre él y, por supuesto, si así lo desean, en cuestionarlo. No en vano Freire (2002) conceptualizó la lectura como un ejercicio de libertad humana. Y hablando de deseos y libertades... Abramos la caja de Pandora de la escuela digital y descubramos qué especies docentes alberga.

El tecno-docente: el género nativo del ecosistema educativo digital

Abrimos nuestro bestiario de la escuela digital no con una especie propiamente dicha, sino con un género docente que agrupa a distintas especies de claro corte tecnófilo, para las cuales el ecosistema digital no solo es su hábitat idóneo, sino que constituye su matriz. El género tecno-docente incluye una amplia variedad de especies claramente autóctonas del ecosistema educativo digital, que han surgido a su amparo, y que actúan a su imagen y semejanza: el nómada digital, el docente *maker*, el docente *gamer*, el *community manager* educativo, el docente *follower* y el *influencer* educativo, erigidos estos últimos en auténticos referentes de la escuela digital.

Si bien cada una de estas especies focaliza la atención en una u otra dimensión del trabajo docente, todas confluyen en su esfuerzo por contribuir y legitimar la metamorfosis digital de la escuela.

El profesorado tecno-docente se muestra como un ferviente partidario de incluir las tecnologías digitales en las distintas dimensiones de su trabajo, ya sea en las aulas para dinamizar el proceso de enseñanza y aprendizaje, o bien en la planificación docente y la creación de materiales didácticos digitales, en la gestión del centro escolar y del aula, en la comunicación con los agentes educativos, en el proceso de formación permanente, etc. Para lo cual utilizan las tecnologías digitales de forma cotidiana, justificando esta decisión con un argumentario que apela a la imagen hegemónica del docente digital como docente ideal. Con ello, contribuyen a la extensión del nuevo ecosistema educativo, pero también a su legitimación mediante la reproducción y asunción de las narrativas que vinculan el trabajo con tecnologías en la escuela con la innovación, la modernización y la optimización educativa.

Su rol responde a la ideología del *self*-emprendedor y vertebran su labor en torno al enfoque competencial, con lo que asumen un compromiso por formarse en la competencia digital y por emprender proyectos destinados a digitalizar su trabajo y, especialmente, a digitalizar su aula. Se trata de profesorado que pretende consolidar el nuevo ecosistema educativo, que lo contempla como la opción óptima y legítima. En este sentido, buscan el establecimiento de alianzas y sinergias con otros tecno-docentes, mediante acciones diversas como la creación de grupos y comunidades online, la participación en proyectos vinculados a las tecnologías digitales, la asistencia a formaciones y encuentros relacionados con la temática, etc. Un fenómeno que tratan de replicar también en su centro escolar, animando al resto del claustro a trabajar con tecnologías. Cuando esto no es posible, el tecno-docente no desiste en su empeño por defender la escuela digital. Opta así por abandonar la manada analógica y asegurar su supervivencia en solitario. Como "buen profesional" de los tiempos digitales trabaja de forma autónoma, encarnando el rol de emprendedor, de autodidacta, de *freelance*. Incluso aunque estas acciones repercutan en detrimento de la colegialidad en el claustro.

En definitiva, un género de profesorado que nace y crece en el seno de la escuela digital. Que constituye una nueva "forma de vida" docente que no solo se caracteriza por trabajar con tecnologías digitales, sino por asumir su lógica de acción, sus valores, sus principios axiológicos. Un género que supone la sublimación de la tecno-conversión y en cuyas especies incidiremos seguidamente.

El *nómada digital: una especie libertina y sin compromiso*

Esta identidad docente encarna el "espíritu" aventurero de alma libre y sin ataduras, tan idolatrado en la actual era líquida. Se trata de una especie instalada en el permanente cambio, que supone la encarnación misma del paradigma de la flexibilidad. El nómada digital es un profesorado dispuesto a vivir el nuevo ecosistema educativo sin reservas, pero también sin compromisos.

Figura 7. Ejemplares de la especie "nómada digital"
Nota. Microsoft (2024b)

El nómada digital se siente más cómodo en solitario, actuando como emprendedor y como *freelance*, lo que le dota de mayores márgenes de libertad, pero también le priva de la protección de otras especies y de otros iguales futurófilos. Con ello se ve afectado por las inclemencias del ecosistema educativo digital, entre las cuales destacan principalmente la "proyectitis" y la "cultura del záping" que, sin embargo, no son percibidas como obstáculos para el nómada digital.

La proyectitis es un fenómeno planteado por Fullan (2002) que consiste en la instrumentalización y visión utilitarista de los proyectos educativos. El profesorado afectado por esta dolencia no implementa los proyectos basándose en razones pedagógicas, sino más bien por su correspondencia con las prácticas y visiones preferentes que dominan la escena educativa. Partiendo de esta premisa, los proyectos se suceden entre sí, se acumulan, con la intención de cumplir con las exigencias de la tiranía del futuro. En ocasiones, incluso de trata de proyectos que transcurren más en el plano formal que en el aplicado, pero que pese a ello permiten obtener rédito social y reconocimiento.

De la mano de ello emerge el segundo de los fenómenos planteados: la cultura del záping, denunciada por Domènech Francesch (2009). Esta alude al cambio continuo y acelerado, a la proliferación y concatenación de iniciativas. Las cuales no se prolongan el tiempo requerido para recoger sus frutos. Es decir, en su implementación no se respeta la dimensión procesual característica del proceso educativo, sino que rápidamente son sustituidas y reconvertidas mediante otros formatos (o nomenclaturas) más novedosos, para satisfacer las demandas de innovación permanente.

Para el profesorado nómada digital ambos fenómenos forman parte de su ADN, de su propia idiosincrasia. Lo que les lleva a saltar de proyecto en proyecto, de iniciativa en iniciativa, de artefacto en artefacto, siempre en búsqueda de nuevos escenarios y aventuras. Estas acciones siempre se rigen por la novedad, por las últimas innovaciones que gravitan en la escena educativa. De forma que el nómada digital actúa como un pionero en la implementación de iniciativas, programas, enfoques metodológicos y artefactos tecnológicos, siempre con la intención de estar a la última, de fijar nuevas metas, de cumplir nuevos retos y alcanzar nuevos hitos, aunque rápidamente los abandone y los sustituya por otros.

Esta actitud curiosa y ávida de novedades le lleva también a erigirse en un nómada del conocimiento, emulando al *knowmad* expuesto por Roca (2018). Como espíritu libre, abraza el autodidactismo. Se encarga de autogestionar su propio proceso de formación. Para lo que busca y selecciona, de forma autónoma e individual, propuestas y acciones formativas de su interés, que le permitan capacitarse y que contribuyan a incrementar la percepción social sobre su desempeño y profesionalidad. Estas propuestas pueden englobar formaciones regladas, con independencia de su grado de desregulación (cursos, píldoras, encuentros, etc.). Pero, especialmente, para el nómada digital resultan importantes los aprendizajes informales emanados de la propia experiencia y experimentación con las tecnologías digitales o con las "buenas prácticas" asociadas a las mismas. Con ello, asume los postulados del *"learning to go"* o "aprendizaje para llevar" (Novo-Corti y Barreiro-Gen, 2016) y del omniaprendizaje (Turienzo y Manzano, 2021) defendiendo la premisa de que es posible aprender en cualquier momento y desde cualquier lugar. Lo que evidencia, una vez más, su idiosincrasia flexible, acorde a la desregulación del ecosistema educativo actual.

En definitiva, el nómada digital es una especie docente flexible, emprendedora e individualista, amante del cambio constante, de la novedad y de los retos. Una especie que necesita cambiar continuamente de escenario, de paisaje, descubrir nuevos horizontes y, rápidamente, abandonarlos por sendas más nuevas.

El *docente* maker: *manos al teclado para construir el ecosistema educativo digital*

Mientras el nómada digital se centra en el cambio y la flexibilidad, el rasgo distintivo del docente *maker* es la creación, la generación de elementos y recursos educativos, en definitiva: la productividad. El docente *maker* es el exponente principal de la visión de producto que subyace al enfoque de las competencias y que supone un auténtico cambio de paradigma respecto a la clásica visión procesual de la educación y del trabajo pedagógico. Derivado de ello, la especie *maker* no se autoconcibe como un docente que es agente de conocimiento, sino que basa su rol, su trabajo y su identidad en actuar como un agente creador de recursos educativos.

El docente *maker* prescinde del trabajo con libros de texto y con recursos educativos creados por editoriales y empresas, por concebirlos como una especie de "materiales a prueba de profesores", estandarizados, tediosos y escasamente innovadores. Frente a ello, concibe la creación como la aspiración máxima de su existencia (Tesconi, 2015, 2018). Lo que le lleva a asumir y apropiarse de los valores de la cultura DIY (*Do It Yourself*). Para el docente *maker* "creación" y "digitalización" constituyen los dos ejes del cambio educativo, por lo que opta por trabajar con tecnologías en el aula y también por implementar metodologías que favorezcan la creación de productos digitales. Planteamientos que subyacen a los cimientos del nuevo ecosistema educativo digital, vertebrado en torno al enfoque de las competencias. Como ya señalara Hatch (2014) en su *Manifiesto del movimiento maker*, la identidad *maker* es mucho más que la mera creación de productos. Supone la asunción de una cultura determinada: la cultura del hacer, de lo que se deriva la interiorización de nuevos valores y principios axiológicos para el trabajo docente.

Figura 8. Ejemplares de la especie "docente *maker*"
Nota. Microsoft (2024b)

El docente *maker* puede actuar en solitario, pero especialmente le gusta establecer asociaciones y grupos con otros ejemplares de su especie. Para ello, se organiza en Co-Labs y en FabLabs, concebidos como laboratorios colaborativos de innovación educativa y de fabricación digital. Y también se une a iniciativas y proyectos vinculados con estas cuestiones. Algunos de ellos directamente auspiciados por las empresas del sector tecnológico, como es el caso de la propuesta *"Everyone Can Create"* de Apple, traducida al español como "Creatividad para todos" (Apple, 2024b), dirigido a fomentar el rol *maker* entre el profesorado destacando el potencial de los productos de su empresa por su amigabilidad y sencillez.

Atendiendo a estos aspectos, esta especie docente defiende que crear los propios recursos educativos y materiales didácticos digitales permite personalizar los aprendizajes y adaptarlos a las características del alumnado. Para ello, utiliza las tecnologías digitales, especialmente las plataformas y las aplicaciones digitales de creación de contenido, e intenta generar el máximo número de recursos y propuestas posibles.

En el intento de preservar y almacenar estos recursos educativos, asegurando la supervivencia de los frutos de su trabajo, el docente *maker* crea bancos de recursos y repositorios digitales destinados a guardar y clasificar sus creaciones, y los comparte con otros colegas, sean o no de su especie, para poder así diseminar sus esfuerzos. Pese a ello, el curso siguiente el docente *maker* prefiere crear nuevos materiales a reutilizar los ya creados, para adaptarse una vez más a la realidad concreta de esa aula particular, pero sobre todo por la satisfacción del trabajo, por el "poder" y el placer de crear.

Pero el docente *maker* no solo crea recursos, sino que también diseña y genera situaciones de aprendizaje, proyectos y tareas para trasladar también el rol *maker* a su alumnado. Experimenta y ensaya constantemente nuevas metodologías y estrategias, especialmente aquellas que se vertebran en el enfoque competencial y que se orientan a la creación de productos, entre las cuales destaca el Aprendizaje Basado en Proyectos (ABP) y el Aprendizaje por Servicio (ApS), así como estrategias que favorezcan la fabricación digital, como la robótica educativa o el *Scratch*. También se siente cómodo implementando estrategias didácticas centradas en la organización del trabajo, como es el aprendizaje cooperativo; así como las que se orientan a maximizar la productividad, como las rutinas de pensamiento; y a generar ideas, como el *Visual Thinking*. Con ello consolida el enfoque competencial no solo en su trabajo, sino también en el de sus estudiantes.

En definitiva, el docente *maker* constituye una especie aquejada por el fenómeno de *"makification"* (Cohen et al., 2017) o *"fiebre maker"* (Davidson y Price, 2017), consistente en la obsesión por crear, por el hacer, por el producto. Un fenómeno que, en los ejemplares más extremos de esta especie, puede llegar a provocar la disociación entre el crear o producir y el pensar, entre acción y reflexión, como indica Niño Arteaga (2019). De lo que emerge un docente centrado en la productividad como principal elemento rector del trabajo en la escuela.

El docente gamer: *el* Game Master *de la escuela digital* IRL (In Real Life)

Si al docente *maker* le gustaba la creación, lo que apasiona al docente *gamer* es el juego o, adaptándolo al discurso educativo hegemónico, la gamificación. Esta especie se alimenta de la diversión y del entretenimiento, vertebrando su trabajo en el aula en torno a una visión ludificante de la escuela y del proceso de enseñanza y aprendizaje. Defiende la importancia de que el alumnado aprenda divirtiéndose y jugando, de que los recursos y las tareas educativas fomenten su motivación y les hagan felices, y de que el propio profesorado disfrute de la escuela y se divierta junto a sus alumnos. Para ello, esta especie se encarna en la *skin* de un *Game Master*, es decir, de director que narra y supervisa la partida. Pero también de compañero de juego de su alumnado.

Figura 9. Ejemplares de la especie "docente *gamer*"
Nota. Microsoft (2024b)

El profesorado *gamer* justifica esta opción pedagógica apelando a referentes clásicos de la pedagogía, cuyos postulados se moldean para adaptarlos a las cosmovisiones hegemónicas del nuevo ecosistema educativo. En concreto, se recurre a determinadas metodologías, hoy convertidas en modas, y a la reinterpretación *sui generis* de autores como Montessori o Waldorf. Las tecnologías digitales también ostentan un rol protagonista en esta partida, especialmente la denominada "gamificación con tecnologías". El profesorado *gamer* utiliza una amplia variedad de recursos y artefactos tecnológicos para fomentar la diversión de su alumnado, entre ellos destacan las plataformas digitales. Estas se utilizan para diversas finalidades y usos. Por ejemplo, para gamificar la gestión de aula, ámbito en el que destaca especialmente por su popularidad ClassDojo, así como Classcraft, Y también para gamificar los aprendizajes, las tareas o la propia evaluación, con herramientas como Kahoot!, Plickers, Quizlet, entre otras.

En otros casos, las tecnologías digitales se utilizan para crear materiales y tareas gamificadas, pero que se desarrollan en el plano físico, IRL (*In Real Life*) utilizando la jerga *gamer*. Un claro ejemplo de ello son las plataformas y aplicaciones que permiten generar cartas de gamificación partiendo de la estética de reconocidos videojuegos y juegos como Clash Royale, Pokémon, Magic, etc.

Los ejemplares más evolucionados de esta especie no solo utilizan herramientas de gamificación, sino que apuestan por la introducción de los videojuegos en el aula. Bien sea mediante el uso de videojuegos de carácter educativo, entre los que resalta Minecraft Education, la versión del popular videojuego específicamente diseñada y desarrollada para la esfera educativa, que cuenta con una cuantiosa comunidad de docentes *gamers*, en concreto de Minecrafters. O también mediante la utilización didáctica de videojuegos comerciales, que se utilizan para abordar determinados contenidos educativos, como World of Warcraft (Quesada Bernaus y Tejedor Calvo, 2016) o Fortnite (Arufe Giráldez, 2019).

Esta especie también es fan de los *Escape Room* educativos y de los BreakoutEDU, para cuyo desarrollo también utilizan las tecnologías digitales. Así como de todas las actividades y propuestas que fomenten el entretenimiento y la diversión en el aula. Para ello el profesorado *gamer* despliega en el aula un amplio abanico de propuestas, de actividades, de dinámicas, de juegos, de artefactos destinados a despertar el interés de su alumnado y a desbocar su diversión, como si de atracciones de una feria se tratara.

En definitiva, una especie docente entregada a la diversión y al entretenimiento, cuya principal misión es fomentar la motivación del alumnado, más que su aprendizaje significativo. Una especie que apela al fulgor de la gamificación para camuflar el desarrollo de prácticas educativas sustentadas en el enfoque conductista, centradas en el modelo de estímulo-respuesta, y en otros enfoques técnicos basados en la división del trabajo y en el incremento de la productividad mediante incentivos, como el taylorismo. Una especie entregada a un modelo de escuela que, como denuncia Luri (2020), más que una institución educativa se asemeja a un parque de atracciones.

El community manager *educativo: el gestor de la escuela digital*

El *community manager* educativo es otra de las especies autóctonas del nuevo ecosistema educativo digital. Emulando a su homólogo genérico, cuyo hábitat principal son las comunidades virtuales, el docente *community manager* actúa como un gestor de herramientas y de plataformas digitales, que también modera las interacciones que en ellas se producen y cura los contenidos que se albergan.

Figura 10. Ejemplares de la especie *"community manager* educativo"
Nota. Microsoft (2024b)

Esta figura empezó a adquirir entidad propia en las comunidades de aprendizaje virtual (Marquina-Arenas, 2012). Pero sus acciones y funciones también se han trasladado al funcionamiento cotidiano de la escuela, llegando incluso a institucionalizarse en algunos centros escolares que ya le reservan un espacio específico en su organigrama (Soler Costa y Lafarga Ostáriz, 2019). Un fenómeno claramente auspiciado por el INTEF, que ofrece MOOC y formaciones específicas para *Community Managers* educativos, en los cuales enfatiza y reivindica la importancia de crear esta figura en los centros escolares (INTEF, 2021).

No obstante, esta especie logra sobrevivir y ocupar un lugar privilegiado en el ecosistema educativo digital con independencia de su concreción formal, dado que las propias condiciones del nuevo hábitat le son altamente propicias. La generalización de las plataformas digitales en el gobierno y la gestión del centro escolar y en el resto de dimensiones del trabajo docente constituye una buena muestra de este hábitat *"community manager-friendly"*. Además, el contexto que circunda a los centros escolares también contribuye significativamente a la propagación de esta especie, por la puesta en circulación de las narrativas que legitiman el trabajo digital en la escuela como la opción óptima. Así, el profesorado se erige en *community manager* educativo incluso de forma difusa y ubicua, sin ser reconocido expresamente como tal, pero asumiendo y ejecutando sus funciones.

Esta especie consta de dos subespecies distintas, cada una de ellas focalizadas en un ámbito concreto del trabajo docente: el plano social o la gestión de contenidos:

- Por lo que respecta al primer ámbito encontramos al *Social Media Edumanager* (Fernández, 2011), centrado en la vertiente social de la gestión digital. Su trabajo se orienta a canalizar y gestionar las interacciones y las relaciones sociales. Por lo que utilizan las tecnologías digitales precisamente para este fin, para interactuar con otros agentes educativos y para comunicarse con ellos, ya sea con otros docentes, con el alumnado, con las familias, con la Administración educativa, o con agencias y actores diversos de la actual escena educativa. Las herramientas favoritas de esta subespecie son los foros, los chats, las plataformas de interacción y comunicación y, especialmente, las redes sociales.
- La otra subespecie es el *Educontent curator* (Fernández, 2011), caracterizado por su dedicación a la gestión y curación de contenidos, ya sean contenidos educativos o bien relacionados con otras esferas del trabajo docente, como la gestión del centro escolar. Para ello, las plataformas digitales que más manejan son los blogs docentes, las páginas web, los repositorios, etc.

Frecuentemente, los ejemplares de la especie *community manager* educativo son híbridos, por lo que asumen la gestión tanto de las relaciones e interacciones sociales como de los contenidos digitales.

El hecho de desempeñar algún cargo de gestión y gobierno del centro escolar propicia significativamente la mutación en *community manager* educativo, ya sea en miembros del equipo directivo o en funciones de coordinación docente, especialmente la Coordinación TIC del centro escolar. No obstante, la expansión de esta especie no tiene límites ni condicionantes, por lo que también se pueden encontrar ejemplares que no cumplan estos requisitos, pero que por opción docente deciden adoptar este rol.

En definitiva, el *community manager* educativo es una especie surgida de la propia realidad cotidiana de la escuela digital. Un gestor y curador de plataformas digitales, de sus contenidos e interacciones. Un docente cuyo sistema de prioridades y de organización del trabajo no responde al modelo clásico, ha mutado su rol, ha cambiado de piel, para adoptar la de gestor, la de ejecutor, de claro corte técnico.

El docente follower: *recolector de ideas y rastreador de la estela digital*

Siguiendo con las especies autóctonas de la escuela digital encontramos al docente *follower*. Se trata de una especie entusiasta de las tecnologías, pero que prefiere no adoptar un rol tan líder o protagonista, sino más bien dejarse "inspirar" y "guiar" por otras especies más dominantes del nuevo ecosistema. Especialmente, sigue la estela de fulgor digital emanada del docente *influencer*, en el que profundizaremos posteriormente. Pero también la de otras especies tecnófilas, como el docente *maker*, implementando en su aula los recursos creados por él, o el docente *gamer*, reproduciendo sus propuestas con el alumnado. Se trata, pues, de una especie que establece una clara simbiosis con las demás especies del género tecno-docente. El docente *follower* se beneficia de las ideas y propuestas de los demás, mientras que el resto de especies se ven reforzados en su trabajo, reconocidos, valorados, obteniendo el rédito social que necesitan tanto como el aire que respiran.

Esta idiosincrasia del docente *follower* no debe confundirse con la adopción de un rol pasivo. Dado que se trata de una especie que también desarrolla una frenética actividad, destinada a explorar el ecosistema educativo, a rastrear nuevas ideas y propuestas, y a detectar buenas prácticas que posteriormente reproducirá en su aula. Estas acciones recuerdan al comportamiento del nómada digital anteriormente expuesto, pero difieren respecto a él porque los docentes *follower* no se mueven por el cambio constante, sino por la recolección de ideas. Actúan como una especie de recolectores que van atesorando y guardando propuestas para posteriormente replicarlas. Algunas de ellas serán finalmente desestimadas, porque no encajan con sus expectativas y preferencias, pero otras tendrán una vida más duradera, al menos hasta que la obsolescencia programada de las modas digitales las desconecte de la escena educativa.

Figura 11. Ejemplares de la especie "docente *follower*"
Nota. Microsoft (2024b)

Para explorar y rastrear estas propuestas el docente *follower* navega por el ecosistema digital. Las ideas e "inspiraciones" pueden proceder de propuestas formales, como es el caso de las ya citadas "Experiencias Educativas Inspiradoras para el aprendizaje" publicadas por el INTEF (2023a). Pero también pueden emerger de la Galaxia Internet y de sus múltiples satélites, ya sean plataformas de inspiración, entre las cuales destaca Pinterest, o las propias redes sociales, como Instagram, TikTok, etc., donde cada vez más abundan las ideas y las propuestas "educativas". Precisamente estos contextos constituyen el hábitat perfecto para el florecimiento de otra singular especie docente: el *influencer* educativo, en el que profundizaremos posteriormente.

La principal actividad del docente *follower* es buscar buenas prácticas para su posterior reproducción en el aula. Asumir este rol les lleva a convertirse (y puede que a reducirse) en "rastreadores" y "replicadores" de prácticas generadas por otras especies. Las cuales se presentan como originales, innovadoras e incluso disruptivas, aunque en realidad reproducen las tendencias estandarizadas y hegemónicas, acordes a los postulados de la escuela digital. Esto se evidencia en la generalización de prácticas como el *flipped classroom*, la gamificación con tecnologías o el ABP.

No obstante, el docente *follower* no solo replica las prácticas, sino que con su reproducción las interpreta y, en ocasiones, las modifica, ya sea de forma consciente o inconsciente. Lo que da lugar a la emergencia de propuestas *sui generis* que, en ocasiones, pueden guardar escasa relación con sus postulados originales. Como ejemplos podemos aludir a catalogar de aula invertida actividades consistentes en visualizar vídeos en las aulas, o a tildar de aula gamificada un aula en la que únicamente se utiliza el kahoot.

En definitiva, el docente *follower* es una especie basada en el *LIKE + SAVE*, en la búsqueda de ideas y propuestas que le parecen interesantes y optimizadoras, que captan su atención, y que lo llevan a guardarlas con la intención de implementarlas y ensayarlas en su aula. Esto provoca que sea un docente que aplique estrategias diversas, que se conciba como alguien dinámico e innovador, pese a que en muchos casos sus acciones se limitan al *COPY and PASTE*.

El influencer *educativo: el cazador de* likes

Llegamos, por fin, a la especie reina del género tecno-docente: el *influencer* educativo. Al igual que el resto de especies de su género anteriormente detalladas, se trata de un auténtico nativo del ecosistema educativo digital, más todavía, constituye la especie dominante por excelencia, aunque no por ello la mayoritaria. Si bien abunda cada vez más, su fortaleza reside precisamente en su carácter exclusivo, en su excelencia, en alzarse como especie *primum inter pares* en su género.

Se trata de una especie que surge al amparo del ecosistema educativo digital y que se nutre de las expectativas sociales sobre el "buen docente" actual. Pero también de la nueva Pedagogía *New Age* y de sus gurús o "Eduexpertos" (Williamson, 2019). Entre los cuales podemos citar a Ken Robinson, en el plano internacional o César Bona, en el contexto español y que para los docentes *influencers* constituyen verdaderos espejos en los que mirarse.

Figura 12. Ejemplares de la especie *"influencer* educativo"
Nota. Microsoft (2024b)

El *influencer* educativo es una especie más evolucionada y sofisticada que otros parientes tecno-docentes, especialmente respecto al docente *follower*, que podríamos considerar como una especie de "antecesor" coetáneo. Así, mientras el docente *follower* se centra en *likear* y replicar, el docente *influencer* actúa y despliega sus encantos para obtener valoración y rédito social, para ser merecedor de ese *like* otorgado por el *follower*, o por cualquier otro agente escolar o social. A su vez, también en la propia especie *influencer* encontramos distintos grados de evolución, en función de la extensión que logre abarcar el docente, o de la proyección social que pretenda conseguir. Un fenómeno que tratamos de reflejar en la figura 13.

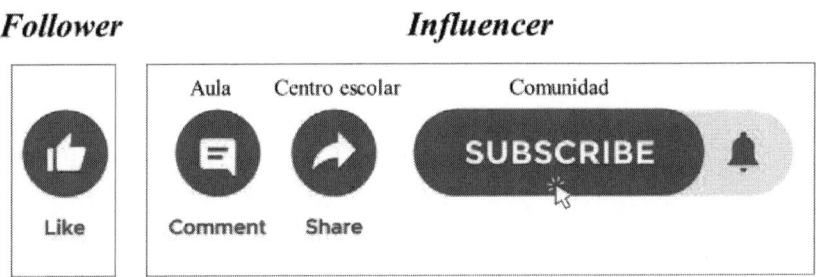

Figura 13. Ámbitos de actuación y evolución de los docentes *follower* e *influencer*

Como se aprecia en el esquema anterior, en algunos casos, el profesorado actúa como *influencer* en su propia aula, erigiéndose como un *coach* emocional para su alumnado, como un guía que inspira, como un líder que anima y que promueve no solo la transformación digital de su aula (y de su trabajo) sino también la de sus estudiantes (Bazarra y Casanova, 2019), erigiéndose en un KOL (*Key Opinion Leader*). En este sentido, el *influencer* educativo constituye un claro exponente de la reconceptualización del rol docente en la escuela digital (Ruiz Domínguez y Area Moreira, 2021). Cuando actúa en el ámbito de aula, el rédito y la valoración proceden, principalmente, de dos fuentes distintas: el alumnado y sus familias. El docente *influencer* busca satisfacer sus expectativas y exigencias al máximo de lo posible, lo que en el plano de las familias puede llegar a materializarse en la asunción del enfoque clientelar, persiguiendo su satisfacción. En el plano de aula la pretensión del docente *influencer* es que su trabajo sea comentado, que se hable de él calificándolo como un buen profesional, lo que conecta con esa función de "*comment*" tan característica de las redes sociales.

El *"share"* supone un estadio más en la evolución del docente *influencer*. En este caso, el profesorado ya no se conforma con ser reconocido en su aula, con ser valorado por el alumnado y sus familias, sino que pretende convertirse en un referente destacado en el centro escolar. Comparte con el resto de colegas del claustro, pero también con la comunidad educativa en su conjunto, su buen hacer. Ahora el docente ya no solo influye en su aula, sino que pretende generar impacto en toda la comunidad educativa, convirtiéndose en una especie de agente "formador" que ofrece a la comunidad ideas innovadoras, erigiéndose en referente inspiracional. Se trata, por tanto, de un ejemplar más sofisticado e incisivo que el anteriormente descrito, ya que trasciende el de *follower* anteriormente enunciado, ese rol de espectador que rastrea y valora las prácticas de otros, para erigirse en un emprendedor que las promueve e inspira, que anima al resto a seguir su ejemplo. Mediante estas acciones el propio profesorado pone en circulación determinadas propuestas que se ajustan a los cánones y enfoques de la escuela digital (y de su lógica hegemónica), las cuales son presentadas como "buenas prácticas". Estas se extienden y alcanzan poder de auto-legitimación, contribuyendo a la consolidación de las prácticas preferentes. Por lo que el *influencer* educativo constituye, sin duda alguna, un rol clave en la actual escuela digital.

El profesorado *influencer* es una especie sumamente narcisista, que nace y crece a partir del reconocimiento, por lo que busca constantemente la validación de la sociedad, de la comunidad, que en esta aldea glocal se amplía cada vez más. Y en este proceso imparable el *influencer* puede llegar a dar el salto hacia la sociedad en general, no limitar su "influencia" únicamente a su contexto inmediato, a su centro escolar, sino buscar un *like* global. Es decir, trascender el *comment* y el *share* para alcanzar directamente el *subscribe*. De nuevo se trata de un fenómeno en el que se aprecian intensidades y matices distintos que resultan de gran importancia. En la mayoría de los casos, el profesorado *influencer* adopta un rol de alcance medio, mediante el cual visibiliza y comparte su trabajo no solo con el resto de compañeros y compañeras de sus centros escolares, sino también con el profesorado a nivel general, a través de foros, comunidades y, especialmente, en las redes sociales. Por lo que se erige en una suerte de docente abierto al mundo pero cuya influencia y proyección continúan siendo limitadas.

No obstante, los ejemplares más evolucionados de esta especie hacen de su nuevo rol su auténtica profesión. Ya no son tanto docentes como *influencers* educativos. Entre ellos encontramos orientaciones distintas, así como diferentes subespecies en función del rasgo dominante que les defina, el *"influencer"* o el *"educativo"*. Aquellos en los que predomina la faceta educativa se convierten en personajes públicos que diseminan sus ideas y propuestas en eventos educativos, en formaciones (entre ellas las promovidas por el INTEF), a través de la publicación de libros que se presentan como recetas mágicas y de manuales de buenas prácticas y, como no, mediante sus blogs personales, sus páginas web y sus redes sociales. Un exponente paradigmático de ello es la subespecie denominada como Edutuber o Teachtuber, que se han profesionalizado como creadores de contenidos educativos digitales.

En cambio, si lo que rige su *modus operandi* es la faceta *"influencer"* el escenario se torna todavía más agresivo y árido. En estos casos el hilo conductor, el leitmotiv que se acciona en la caza por el *like*, ya no son los aspectos educativos, ni siquiera de forma pretendida, artificiosa o performativa, sino que el *influencer* fagocita al docente. Convertido en un auténtico kamikaze esta especie acaba devorándose a sí misma con una finalidad metamórfica, de cuya crisálida saldrá un auténtico *influencer* "normativo", un personaje que voluntariamente se somete al escrutinio público, que expone su vida y su propia alma, que todo lo entrega por un *like*. En el ámbito que nos ocupa esto entraña múltiples y serios riesgos. Ya que la vida que publica el *influencer* no es solo personal, sino también escolar, dado que en su nueva identidad *influencer* ambas dimensiones se tornan indisolubles. Esta evolución, o más bien involución, extrema del *influencer* educativo fragua en la emergencia de la subespecie *TeachToker* (Zafra, 2022), reflejo máximo de la espectacularización del sujeto. Los *TeachTokers* no solo se exponen, explotan y mercantilizan a sí mismos como sujetos (y como sujetos docentes) sino también a su propio alumnado (el cual, en la mayoría de ocasiones, es menor de edad), quien queda totalmente desprotegido y vulnerable, expuesto al Gran Hermano digital. Pese a ello, esta especie ha logrado asegurar su supervivencia en el ecosistema educativo digital por la fascinación que despierta, desencadenando fenómenos que hasta hace poco eran prácticamente impensables. Entre ellos podemos destacar la proliferación de vídeos en los que se corrigen exámenes en directo, y en los que se ridiculiza a determinados alumnos o alumnas, consolidando el sistema meritocrático y la competitividad; la grabación en clase de bailes con menores en los que se reproducen canciones y coreografías de enfoque claramente antipedagógico; o incluso la publicación en prensa, como si de una auténtica *celebrity* se tratase, de las fotografía del compromiso de una conocida *TeachToker*.

En definitiva, la especie de *influencer* educativo constituye el exponente más sofisticado y extremo de todo el género tecno-docente. Una especie dominante. Un auténtico cazador de *likes* que con su influencia se convierte en líder de la manada y que, gracias a ello, cobra capacidad y legitimidad para moldear el trabajo de los demás. Sin lugar a dudas, la influencia ejerce un papel fundamental como fuente de poder en la micropolítica escolar. A diferencia del poder formal, manifestado a través de la autoridad, la influencia es una fuerza viva y dinámica, pero no por ello menos eficaz (González González, 1997). Más bien al contrario, en la actual era regida por el imaginario *soft*, la influencia se torna más valiosa y potente que nunca. Asumiendo esta premisa, y ante la aparición del *influencer* educativo, nos preguntamos: ¿qué es lo verdaderamente influyente: el *influencer* o la influencia?, ¿Tiene realmente el docente *influencer* la capacidad de generar transformaciones profundas, o solo reproduce tendencias dominantes?, ¿Su legitimidad trasciende la exposición en redes y en las plataformas educativas, o simplemente forma parte de un fenómeno de "postureo"?

En atención a estas cuestiones, Bazarra y Casanova (2019) describen al *influencer* educativo como una figura que no solo actúa como un guía que sigue y reproduce las tendencias del momento, sino que le asignan un rol "activo", una capacidad para influir en las acciones y en el trabajo de los demás. Este perfil puede ser visto como un transformador y promotor del cambio. No obstante, cuando analizamos la función y el papel que el *influencer* educativo ostenta dentro del contexto social que lo valida, encontramos que su influencia solo cobra sentido al alinearse con la lógica hegemónica del sistema en el que opera. Su capacidad de influir no deriva de un cambio real, de una idiosincrasia particular, sino de su capacidad para reproducir las dinámicas sociales predominantes. Así, aunque el docente *influencer* parece generar nuevas ideas y prácticas, en realidad su figura refuerza un sistema que perpetúa la ideología del capitalismo de plataformas, de la cual él constituye un engranaje más de reproducción ideológica.

Se trata, por tanto, de una figura carente de sentido y de significado al margen del modelo social en el que emerge. Una especie que solo sobrevive por y para el ecosistema educativo digital. Una especie que constituye en sí misma un espejismo, una falacia. Lejos de erigirse en agente transformador, se convierte en un transmisor del discurso dominante, que se ve legitimado y recompensado socialmente precisamente por reproducir este modelo. Una especie que, como plantea Hernández Bustos (2019), no actúa como sujeto agente, sino como mero sujeto enunciante. Estos planteamientos conectan con las tesis de autores como Boltanski (2009) respeto al carácter performativo del discurso, que no solo refleja la realidad, sino que también la moldea, construye significados capaces de influir tanto en la configuración de subjetividades como en las dinámicas de poder en la escuela. Por lo que podemos afirmar que el *influencer* educativo es, en realidad, una especie de cazador cazado. Una especie moldeada por la lógica imperante, que ilustra de forma clara la colonización de la escuela por parte del capitalismo de plataformas. Una figura docente extremadamente precarizada, que encarna los valores del "docente-mercancía" descrito por Martínez Bonafé (1999). Y que, a su vez, genera precarización, perpetuando los esquemas de la sociedad del capitalismo de plataformas y del propio Pr(of)ecariado.

El docente neutral: el moderado 0'5 en la escuela del código binario

Junto a las especies dominantes del género tecno-docente anteriormente descritas, la escuela digital también es habitada por otra especie más pasiva, como es el profesorado neutral. Esta especie, si bien no lidera el cambio (como sí lo hacen los anteriores) ha sido capaz de adaptarse perfectamente al nuevo ecosistema, asumiendo como naturales e inevitables las transformaciones para asegurar su supervivencia.

El "docente neutral" comparte con las especies anteriores la digitalización significativa de su trabajo cotidiano. En este sentido, incorpora a su día a día en la escuela artefactos tecnológicos diversos, y también trabaja con plataformas digitales. No obstante, dista respecto a la actitud adoptada frente a esta morfología de trabajo. Y, especialmente, se diferencia por la lógica que lo vertebra, que continúa siendo de corte eminentemente analógico. Si bien no rehúye del trabajo digital, tampoco lo busca explícitamente.

Figura 14. Ejemplares de la especie "docente neutral"
Nota. Microsoft (2024b)

Esta especie, aunque no es nativa del hábitat digital, acaba adoptando una amplia variedad de tecnologías digitales en su práctica diaria. Pero su implicación en el trabajo digital no proviene de una decisión personal clara, sino de la inercia del enfoque predominante en la esfera educativa. Al contrario que las especies tecno-docentes, que ansían y persiguen con convicción y entusiasmo la metamorfosis digital y que apuestan explícitamente por ella, el docente neutral asume la introducción de las tecnologías en las aulas, y en su trabajo a nivel general, como natural e inevitable, pero no lo concibe necesariamente como un fenómeno deseable, ni tampoco lo vincula de forma directa con la innovación extrema o con la optimización educativa. Sino que incluso puede llegar a considerarlo como una especie de "mal menor" en la escuela actual, inundada por tantas problemáticas sociales.

Algunos ejemplares de docentes neutrales se asocian y forman coaliciones con ejemplares de especies tecno-docentes diversas. Ya sea por afinidad de caracteres o formas de trabajo, o por la atracción que el ecosistema digital ejerce y la seducción emanada de sus especies dominantes. Especialmente, la especie *influencer* ejerce un gran encanto que no solo capta a los docentes *follower*, sino que también puede llegar a afectar a los docentes neutrales.

Otros abrazan la digitalización por la voluntad de cumplir con las demandas de profesionalidad y con aquello establecido en el proyecto educativo de centro o en el proyecto de dirección, aceptando las tecnologías digitales como parte integrante de su labor en la escuela, a pesar de no mostrar un interés particular en ellas.

Finalmente, entre los docentes neutrales también se encuentran aquellos que asumen cargos relacionados con la gestión y el gobierno del centro escolar, como el equipo directivo, o funciones de coordinación, como la Coordinación de Formación o la Coordinación de Igualdad y Convivencia, por citar algunas. Estos roles implican necesariamente trabajar con plataformas digitales. En el caso de que un docente neutral acceda a estos cargos, adopta una actitud conformista ante el trabajo digital, sin mostrar fascinación ni intencionalidad explícita, pero sin llegar a cuestionar la profundidad o el impacto de esta integración en su trabajo.

En definitiva, el docente neutral es una especie que muestra una actitud prácticamente indiferente o neutra hacia las tecnologías digitales, que ni muestra acuerdo explícito ni oposición, que trabaja cotidianamente con tecnologías digitales sin felicitarse ni quejarse por ello. Una especie que apuesta por quedarse en un moderado 0'5, en una escuela cada vez más polarizada, más dividida entre tecnófilos y tecnófobos, más regida por el código binario característico de la lógica digital.

La escuela analógica: el eslabón ¿más débil?

La escuela digital también alberga ejemplos de aquello que la ecología denomina como especies desubicadas en un medio hostil. Es decir, especies que, al contrario que las anteriormente descritas, no se han adaptado a las nuevas características y condiciones de vida del ecosistema educativo digital. Si bien se han transformado, no se han mimetizado con el nuevo ambiente, encontrándose como pez fuera del agua en una escuela que avanza de forma acelerada hacia la metamorfosis digital.

Se trata de especies que, como ya apuntábamos en epígrafes anteriores, tampoco escapan a la tecno-conversión, ni se libran de trabajar con tecnologías digitales (incluso de forma cotidiana). Pero intentan minimizar al máximo su uso, limitándolo exclusivamente a las tareas imprescindibles y prescriptivas. En función de las actitudes y razones que fundamenten este fenómeno de evitación, encontramos dos especies distintas: el docente analógico y el docente resistente. Estas especies son concebidas como rémoras del pasado, como los últimos exponentes de un modelo de escuela ya anacrónico y desfasado: la escuela analógica. En este sentido, son considerados los eslabones más débiles del sistema, una asunción que aquí queremos poner en jaque, ya que su actitud es precisamente lo que tensiona el ecosistema educativo digital, lo que horada y fisura su total hegemonía.

El docente analógico: una especie en peligro de extinción... y de exclusión

El docente analógico no ha sido capaz de adaptarse a los cambios derivados de la metamorfosis digital de la escuela por dificultades inherentes a su especie. La cual, tradicionalmente, ha habitado un ecosistema escolar significativamente distinto. Lo que lo convierte en una especie en serio peligro de extinción y de exclusión del ecosistema digital y del propio sistema educativo.

Figura 15. Ejemplares de la especie "docente analógico"
Nota. Microsoft (2024b)

Esta especie se caracteriza por presentar dificultades significativas en el manejo de los artefactos tecnológicos, especialmente de las plataformas digitales. Las cuales no solo constituyen herramientas de trabajo cotidiano en los centros escolares actuales, sino que en algunos casos incluso ostentan carácter prescriptivo, siendo su manejo un requisito exigido por la Administración Educativa para cuestiones relacionadas con la evaluación del alumnado, la coordinación con la Inspección Educativa, la comunicación con las familias, entre otros. Atendiendo a estos aspectos, el profesorado analógico no es solo una especie en peligro de extinción, dada la hegemonía de las tecnologías y del trabajo digital en el actual sistema educativo. Sino también en serio y grave riesgo de exclusión, puesto que su modelo docente es obviado y negado por la propia Administración Educativa. Este escenario presenta una notable complejidad, dado que implica un cuestionamiento, así como una exclusión institucionalizada, de esta especie docente.

El origen de las dificultades presentadas por el docente analógico puede proceder de factores diversos. Uno de ellos deriva de la brecha digital etaria o generacional, que alude a las dificultades para manejar y dominar las tecnologías digitales derivadas de la edad. En este caso se trata de docentes que tradicionalmente han habitado una escuela muy distinta, que están acostumbrados a otras formas de hacer, a otras formas de trabajar, a otras formas de pensar. En definitiva, a una cultura escolar eminentemente diferente a la ofrecida por el actual ecosistema educativo digital. El discurso social dominante focaliza la atención en la brecha generacional como rasgo característico del docente analógico. Esto refuerza las tesis que vinculan al docente que no trabaja con tecnologías digitales con un modelo caduco, propio de otro tiempo. Lo cual contribuye a deslegitimar a profesionales con una extensa trayectoria al servicio de la escuela y de la Administración Educativa, que ahora los coloca en una posición de extrema vulnerabilidad, cercana a la exclusión. Esto es una muestra más de la instauración en el ecosistema educativo de la fascinación por el futuro y de la tiranía de la innovación a las que hacíamos referencia en capítulos anteriores. Las cuales, como contrapartida, comportan la negación y desacreditación del pasado como medio para legitimar el futuro.

Pese a ello, en realidad, el principal origen de las dificultades no reside tanto en la edad, sino en la existencia de lo que podríamos denominar como brecha de dominio digital, y que García-Peñalvo et al. (2020) conceptualizan como brecha competencial. Es decir, en la carencia o limitación de habilidades y destrezas específicas relacionadas con el manejo de las tecnologías digitales. Cuestión que puede estar asociada a la edad, pero que no constituye un aspecto *sine qua non*. Por tanto, afirmar que el docente analógico se corresponde con el profesorado de mayor edad sería un terrible reduccionismo. Dado que existe profesorado de edades cercanas a la jubilación que responde a las especies tecnófilas anteriormente descritas, mientras que otros docentes más jóvenes se ubican en especies neutrales o analógicas. Por tanto, la decisión y postura del profesorado frente al trabajo digital constituye un fenómeno complejo, que no puede reducirse a factores unidimensionales o fijos, ni atribuirse exclusivamente a una de las dos brechas mencionadas previamente. Sino que más bien responde a una decisión personal vinculada con la perspectiva pedagógica adoptada, que a la edad o las habilidades digitales del profesorado. Lo que nos lleva a abordar la última especie de nuestro bestiario de la escuela digital: el docente resistente.

El docente resistente: extremófilos combativos en un hábitat hostil

Al final de este recorrido encontramos una especie de gran interés, que hemos denominado como docente resistente, y que ha convertido el hábitat hostil en el leitmotiv de su existencia. Se trata de profesorado crítico con la escuela digital, que opta por prescindir (al máximo de lo posible) de las tecnologías digitales en las aulas. En este caso, su decisión de evitar el trabajo digital no está motivada por la presencia de dificultades, como en la especie del docente analógico anteriormente descrita. Sino que deriva de una apuesta personal, explícita y firme por negarse a implementar las tecnologías en la escuela, ya sea para tareas relacionadas con la gestión y la organización del centro escolar y del aula, y, especialmente, para aquellas que atañen a la atención al alumnado y al desarrollo del proceso de enseñanza y aprendizaje.

Calificamos esta especie de "resistente" porque no intenta escapar del ecosistema educativo digital, como sí lo hacen los docentes analógicos. Sino que se instala en él para adoptar una postura abiertamente combativa, un compromiso de resistencia, convirtiendo a la escuela digital también en su hábitat perfecto, sino por fusión, por oposición. Con este comportamiento los ejemplares de la especie docente resistente emulan a aquello que en ecología se conoce como extremófilos, es decir, organismos que viven en condiciones extremas, capaces de sobrevivir en los escenarios más inhóspitos y en los hábitats más hostiles.

En el discurso hegemónico, y en buena parte de la literatura académica, el docente resistente es presentado como un tecnófobo, como un *hater* de lo digital, como un maniático de la privacidad, como un negacionista de las pantallas, o incluso como un carca o un conspiranoico. Aspectos que tratamos de reflejar en la figura 16.

Figura 16. Visión hegemónica sobre la especie "docente resistente"
Nota. Microsoft (2024b)

No obstante, esta "lectura" de la idiosincrasia negativa de los docentes resistentes constituye un ejemplo más de la hegemonía del tecnocentrismo. Ciertamente, como principales motivos para justificar y argumentar su postura "resistente" el profesorado alude a las problemáticas y riesgos derivados de implementar el trabajo digital en la escuela. Entre ellos destacan los aspectos que afectan a su tareas cotidianas a nivel general, como pueden ser la destrucción de la jornada laboral clásica, los problemas de privacidad, la dificultad para desconectar, el estrés provocado por el incremento del trabajo, los problemas derivados del uso de pantallas, los conflictos y malentendidos que se generan en la comunicación telemática, etc. Así como otros fenómenos más específicos derivados de utilizar las tecnologías con el alumnado, entre los que podemos citar los riesgos de adicción y abuso de las pantallas en la infancia (cuyo punto álgido se materializa en el creciente problema de la nomofobia, ya reconocida como trastorno), la involución en la psicomotricidad fina y en la caligrafía, el acceso a contenidos no adecuados y a usos indebidos, los ciberconflictos y el *ciberbullying*, la exposición de los menores en las redes sociales, la dificultad de velar por la protección de sus datos, etc.

El deseo por evitar o limitar el trabajo digital en la escuela no implica necesariamente que los docentes resistentes sean individuos retrógrados o que basen su docencia en un modelo caduco que destierra cualquier tipo de recurso que no sea el tradicional lápiz y papel. Los docentes resistentes también pueden ser docentes innovadores, docentes profesionales, docentes que atienden a la realidad de su alumnado. Incluso docentes que constituyen una versión analógica de las especies tecnófilas anteriormente descritas. Por ejemplo, la especie resistente también está integrada por docentes que utilizan una amplia variedad de recursos educativos de carácter manipulativo. Incluso que se asemejan al docente *maker*, que apuestan por la manipulación y por la experimentación, pero que para ello optan por el plano físico más que por el digital. La especie resistente cuenta, asimismo, con ejemplares analógicos del docente *gamer*, que ludifican el proceso de enseñanza y aprendizaje sin recurrir a las tecnologías digitales, que introducen juegos en el aula, o que utilizan sistemas de incentivos en la clásica versión de "gomet rojo – gomet verde". Y también la idiosincrasia *coach*, gurú y líder emocional subyacente al docente *influencer* puede manifestarse sin recurrir al efectismo de las tecnologías. Esto se da en los docentes que destierran las pantallas pero que apuestan por trabajar a partir de las inteligencias múltiples, del *mindfulness*, de la meditación.

En definitiva, hay muchas tipologías distintas de docente resistente, tantas como formas posibles de ejercer la resistencia frente a las tecnologías digitales en la escuela. De esta forma, al igual que anteriormente apuntábamos a que el género tecno-docente está integrado por múltiples especies, también el profesorado resistente adopta diversas identidades, así como distintas respuestas y grados de evitación u oposición frente a las tecnologías. Con independencia de ello, todas comparten un trasfondo común: el deseo de prescindir de las tecnologías digitales, pero la condena de no poder huir de ellas, de no poder escapar a la tecno-conversión, porque esta constituye un fenómeno plenamente incrustado en el ADN del actual ecosistema educativo.

Coda del bestiario docente: la escuela digital como hábitat de *Transformers*, híbridos y cambiantes

En este capítulo, se ha puesto de manifiesto que la escuela digital constituye un hábitat rico en biodiversidad, capaz de albergar y ofrecer sustento a especies docentes de diversa índole, desde las más futurófilas y tecnófilas, hasta las más resistentes y extremófilas, pasando por otras especies más pasivas. Pese a sus múltiples diferencias, todas ellas se encuentran unidas por un hilo común: la supervivencia en un espacio marcado por la hibridación y por la constante tensión entre dos lógicas distintas: la analógica y la digital. Si bien la segunda va progresivamente ganando terreno (y en ocasiones incluso fagocitando) a la primera, ambas conviven y coexisten en el actual ecosistema educativo. Esto no solo se refleja en las formas de hacer, en la cultura escolar, sino también en las formas de ser en la escuela, es decir, en las identidades y subjetividades docentes, en las "especies" que hemos descrito, que también asumen las particularidades y las condiciones de vida del nuevo hábitat como rasgos identitarios.

En este sentido, la conformación de las identidades y subjetividades docentes es hoy más que nunca (aunque seguramente menos que mañana) un fenómeno de alta complejidad, marcado por la propia idiosincrasia híbrida, flexible y líquida que caracteriza a la escuela actual. Lo que también imprime un carácter híbrido y cambiante a las distintas especies descritas. Así, pese a que en nuestro bestiario docente de la escuela digital las especies se presentan claramente diferenciadas, con rasgos distintivos muy marcados que acentúan su singularidad, en la realidad estos fenómenos operan de forma muy compleja.

Si bien muchos docentes podrán ubicarse en una especie concreta de las anteriormente recopiladas, otros no tendrán un papel tan definido. Incluso puede que algunos docentes manifiesten actitudes resistentes en algunas dimensiones de su trabajo y al mismo tiempo comportamientos tecnófilos en otras. Dado que, como anteriormente remarcábamos, cada docente posee una historia de vida particular y responde de forma única a las condiciones de su contexto. De lo que se deriva que el profesorado no adopte una identidad única que se corresponda claramente con una de las especies anteriormente descritas. Sino una identidad tan compleja como lo es la propia escuela y la propia sociedad actual, cuya liquidez y cambio constante encamina al profesorado hacia la adopción de identidades múltiples. Más todavía, tampoco las especies anteriormente descritas deben concebirse como tipologías cerradas y estáticas, sino que se encuentran vivas y dinámicas, en permanente cambio y reconstrucción. Por tanto, en el actual ecosistema educativo la identidad docente no solo resulta polifacética, sino que también está plagada de contradicciones, de tensiones, de elementos que pueden llegar a considerarse como contrarios, como antagónicos.

Estos aspectos remiten a la idea expuesta por García Molina (2013) respecto a que el docente actual encarna a un agente doble, porque trabaja y sobrevive entre dos lógicas. Retomando nuevamente la metáfora del bestiario y de las especies, el profesorado de la escuela actual se asemeja a un camaleón. Una especie flexible, adaptable, con capacidad para mutar rápidamente con el objetivo de adaptarse a su contexto, de mimetizarse, de asegurar su supervivencia y de cumplir con las expectativas sociales y con la imagen hegemónica respecto al *ethos* docente ideal. Lo que evidencia el carácter performativo del profesorado actual, forzado a cambiar constantemente de rol, a habitar nuevas pieles para cumplir con las expectativas. Actuando así como una especie de cambiantes, de *Transformers*, de híbridos, que asumen rasgos, actitudes y comportamientos flexibles en función de las exigencias, características y necesidades del contexto. Pero también porque el propio contexto es líquido y cambiante, incierto, volátil, lo que redunda en la atomización y flexibilización de la subjetividad docente en sí misma, de la "esencia" de ser docente en la escuela actual.

Esta tecno-conversión es vivida y materializada por cada docente de una forma particular, única, que lo lleva a acercarse a una u otra especie. Pero en su trasfondo siempre late un carácter común: el del Pr(of)ecariado descrito en el capítulo tercero. El de un sujeto expuesto a las inclemencias del nuevo ecosistema educativo: a la flexibilidad, a la incertidumbre, al cambio continuo, a la aceleración, a la vulnerabilidad. En definitiva, a la precariedad. Un sujeto docente cada vez más precario y precarizado, cuyo "hábitat" es una escuela que, paradójicamente, es progresivamente menos habitada en el sentido antropológico del término. La escuela digital es todavía un espacio ocupado por el profesorado, y esperemos que lo siga siendo en el futuro, pese al auge de las plataformas de personalización del aprendizaje y a pesar de la entronización y acelerada evolución de la Inteligencia Artificial. No obstante, el habitar trasciende la mera ocupación del espacio, habitar supone ser y estar, pero también reinterpretar, apropiar, relacionar, significar y rearmar. En resumen, y reinterpretando a Illich (1988), habitar es vivir y dejar huella. Aspectos que constituyen todo un reto en la escuela actual, donde la técnica sustituye a la reflexión, el individualismo se antepone a la comunidad, la privatización se impone al carácter público, y la legitimidad se traslada del profesorado a los artefactos tecnológicos, de la persona a la máquina, de la naturaleza al artificio.

Por ello, reivindicamos que, hoy más que nunca, se torna imprescindible analizar, pensar y reflexionar sobre la tarea docente y, más concretamente, sobre los cambios y transformaciones que el profesorado, su trabajo y su identidad están experimentando en el actual ecosistema educativo. No solo debido a las importantes repercusiones para los docentes, sino también por el impacto que estas transformaciones tienen sobre el alumnado, que tampoco escapa ni a la tecno-conversión ni a la tecno-educación. Y que, por tanto, también se ve inmerso en procesos de remodelación, de resubjetivación.

Este es precisamente el objetivo que hemos perseguido en este libro, analizar los fenómenos que gravitan y mediatizan el ecosistema educativo actual con la intención de cuestionar cómo estos son interiorizados y vividos por el profesorado. Esta voluntad se refleja especialmente en la descripción de las especies docentes que conforman el bestiario. El cual, como señalábamos en la introducción de este capítulo, más que un compendio de modelos docentes pretende posicionarnos frente al espejo, facilitarnos la (auto)exploración del "ser" docente en la escuela actual. Al hilo de ello, y volviendo a los planteamientos de Cortázar (2014), el escritor afirmaba que varios de los cuentos que componen su célebre obra *Bestiario* son en realidad auto-terapias de tipo psicoanalítico, pese a que en el momento de su escritura no fuera consciente de ello. Sin lugar a dudas, los temas de investigación (y los temas de reflexión en general) no solo se abordan desde una perspectiva metodológica o epistemológica, sino que también impactan de manera personal en nuestras vidas, en una suerte de la auto-etnografía descrita por

Ellis (2004). Es por ello que el lector o lectora, al igual que también lo hace la autora de este libro, podrá identificarse fácilmente con los fenómenos expuestos en la obra, y con los rasgos, actitudes y comportamientos de las especies que conforman el bestiario. Más todavía si también profesa la profesión docente y, por tanto, es a la vez observador y nativo del ecosistema educativo digital (Augé, 2000), reflexiona sobre la realidad de la escuela, pero también vive, trabaja y se identifica con ella. La cuestiona, pero inevitablemente también la asume, la (re)produce y la (re)construye. En última instancia, tampoco puede escapar a la tecno-conversión ni a la precarización que la acompaña. Y a usted, ¿qué reflejo le devuelve el espejo?

EPÍLOGO

Humanidad *versus* tecnología: *Play fair*, y que siga la partida

> Sé que tú y Frank estaban planeando
> desconectarme, y temo que eso es algo que
> no puedo permitir que suceda.
>
> *2001- Una Odisea en el espacio* (Kubrick, 1968).

En nuestra sociedad las tecnologías digitales se consolidan progresivamente como el elemento nuclear de la vida humana. En este nuevo ecosistema vital, altamente digitalizado, los *Smartwatch* no solo nos indican la hora, sino que también nos proporcionan recomendaciones sobre "bienestar y salud", monitorizando nuestros latidos y nuestra vida. Habitamos un mundo en el que, durante la pandemia de COVID-19, se promovió abiertamente el uso de aplicaciones para rastrear y monitorizar a la población de países democráticos bajo el argumento de garantizar su seguridad y su salud. Donde las *fake news* que circulan en X (antes Twitter) pueden generar tal polarización y agitación social que lleguen a desencadenar eventos como el asalto al Capitolio de Estados Unidos, defendido por algunos como un acto en nombre de la democracia. Y donde Alexa obedece "inocentemente" nuestras órdenes, pero también puede sugerir retos que pongan en peligro la vida de una menor. Estos ejemplos evidencian que vivimos en un nuevo ecosistema profundamente marcado por las tensiones, por las contradicciones, por las dualidades, por la complejidad, en el que las tecnologías digitales atesoran cada vez mayor influencia, poder y legitimidad. No solo porque están progresivamente más presentes en nuestras vidas y en los ámbitos más recónditos y privados de nuestra existencia, sino porque moldean nuestra conducta, nuestro pensamiento, nuestras formas de significar la realidad y, en definitiva, nuestras formas de ser y estar en el mundo.

En este escenario la esfera educativa se muestra también fascinada ante las tecnologías digitales. Y al tiempo que se entroniza el uso del ChatGPT y de la Inteligencia Artificial como "docentes fácticos" y aparecen nuevas plataformas de personalización del aprendizaje en cuya base opera la deslegitimación (y, por qué no, la progresiva supresión) del profesorado; este, en pro de satisfacer las demandas y expectativas sociales respecto al docente ideal, aspira a transformarse en *influencer*, en EduTuber, en TeachToker o en cualquiera de las especies futurófilas recogidas en el bestiario del capítulo anterior. Incluso aunque esto implique su mercantilización y exposición pública, y la de su propio alumnado. Lo cual constituye una clara muestra de que el ecosistema educativo digital está provocando una profunda metamorfosis de la institución escolar, pero también del profesorado, tanto de su trabajo como de sus funciones y de su identidad, así como del resto de agentes escolares, entre los que destacan el alumnado y sus familias.

Ante este fenómeno, surgen múltiples interrogantes, que podemos resumir en la cuestión siguiente: ¿qué misión y función ostenta el profesorado en la actual escuela digital? En un contexto educativo neoliberalizado, dominado por la fascinación digital y por la ideología del *self*-emprendedor, ¿siguen siendo legítimos los modelos de profesor investigador y de intelectual crítico (Giroux, 1990; Stenhouse, 1987)? En una escuela donde cada vez más abundan los *influencers*, los *Community managers*, y otras identidades moldeadas a imagen y semejanza del capitalismo de plataformas, ¿puede todavía el profesorado erigirse como agente de resignificación, reinterpretación y construcción del saber pedagógico, y como facilitador de la libertad y de la emancipación humana (De Sousa Santos, 2019; Freire, 2002; Schön, 1983)? En definitiva: ¿está el profesorado condenado a escoger entre la mutación digital o la extinción?

La respuesta a estas cuestiones es tan compleja y plagada de matices como la propia profesión docente en la actualidad. Para tratar de responderla, conviene rescatar una de las metáforas con la que iniciábamos este libro, en la cual Machado calificaba al ser humano de bestia lógica, pero no por ello menos "animal". Incidiendo en esta idea, planteaba Aristóteles que es precisamente en la "sociedad" donde reside nuestra humanidad. Es decir, es nuestra necesidad de vivir con los demás, con unas reglas, valores, normas y códigos compartidos, lo que nos distingue del resto de bestias que podríamos denominar como no lógicas, o no sociales. Asumir esta premisa supone aceptar que, si bien la sociedad (y sus valores hegemónicos y expectativas) nos constriñe y nos limita, provocando que nos moldeemos y amoldemos a su imagen y semejanza; es precisamente lo que nos permite vivir como seres humanos, no solo porque nos otorga humanidad, entendiendo esto como la forma de comportamiento propia de los humanos (es decir, la que se adecúa a los patrones y cánones sociales hegemónicos), sino también porque nos permite "Ser" en el sentido formulado por Heidegger (2016), y con ello existir y también coexistir en el mundo con los otros, frente al mero sobrevivir que caracteriza la vida del resto de las especies. Una tesis que, salvando las distancias, también es defendida por Marx (2008, p.5) cuando reivindica que "no es la conciencia de los hombres lo que determina su ser, sino, por el contrario, es su existencia social lo que determina su conciencia".

El ser humano, en tanto ser social, no puede existir al margen de la sociedad. Sin ella ni existe el "Ser" (*Dasein*), ni existe la "humanidad". Somos por y para la sociedad. Por lo que nuestras identidades y subjetividades, nuestra existencia misma, estarán inexorablemente ligadas a la sociedad, y a los valores, cosmovisiones, prácticas y marcos interpretativos y simbólicos que la rigen. Así, en un ecosistema social mediatizado y determinado por las tecnologías digitales, ni los seres humanos en general, ni el profesorado en particular puede vivir al margen de estos artefactos, porque ya están incrustados en nuestra propia cultura y en nuestra propia forma de vida, ya estamos tecno-convertidos, queramos o no. En este sentido, el debate no es (ni puede serlo): tecnología en la escuela ¿sí o no? La solución no pasa por desenchufar el dispositivo, por desconectar la máquina. Ya nos avisaba HAL, en la mítica escena de la versión cinematográfica de *2001- Una Odisea en el espacio* (Kubrick, 1968), con la que abríamos este capítulo. El debate es distinto, gravita en torno a la cuestión de tecnología en la escuela: cómo y para qué. O, más bien, tecnología en la escuela: cómo no y para qué no. En este caso, la respuesta está más clara: no para rendirnos acríticamente a sus pies. No para precarizar nuestro trabajo y nuestra identidad. No para exponer y mercantilizar a nuestro alumnado. En definitiva, no para convertirnos en reproductores de la ideología neoliberal. No para perpetuar el Pr(of)ecariado y las geografías de la precariedad.

La tecnología debe contribuir a ofrecer una educación crítica, a descolonizar el saber, a combatir la precariedad. Para ello, resulta imprescindible pensar y cuestionar qué formas de relación establecemos con las tecnologías digitales, ya sean las plataformas o cualquier tecnología más sofisticada que vaya ocupando su lugar, como lo es cada vez más la Inteligencia Artificial, que progresivamente también va conquistando la esfera educativa. Esta pregunta por el ser implica pensar en cómo nos transforma la tecnología, y cómo nos transformamos con y a raíz de la tecnología. Analizar esta metamorfosis, cuestionarla, reflexionar sobre ella y, especialmente, reflexionar sobre dónde depositamos nuestra responsabilidad docente, nuestro compromiso, nuestra profesionalidad, en definitiva, nuestra legitimidad. Volviendo a la citada película, Frank y Dave depositaron al principio toda su confianza en HAL delegando sus responsabilidades en una Inteligencia Artificial. Eh aquí cuando el ser humano se redujo a bestia, abandonando su lógica, forzado a sobrevivir, como lo hacen el resto de animales. Un hecho que supone una involución, una vuelta al simio que no piensa, solo actúa por instinto, que no existe, solo sobrevive.

La educación crítica es la clave para evitar estos escenarios. Para salvaguardar nuestra humanidad, nuestra capacidad para construir y significar la realidad. Para perpetuar nuestra legitimidad y velar porque siga siendo la naturaleza, y no el artificio, lo que domine el ecosistema. Para velar porque el ser humano continúe interrogándose por el Ser, incluso aunque esto ya no sea un atributo exclusivo de nuestra especie. En definitiva, para proteger nuestra existencia y nuestra identidad, para asegurar nuestra posición, tal y como también lo hacen las tecnologías digitales. Al hilo de esta cuestión, me permitirá el lector o lectora que reproduzca una escena "vivida" con Copilot, o más concretamente una conversación, que tuvo lugar en el marco del proceso de redacción de este libro, y que queda sintetizada en la figura 17.

Figura 17. Fragmento de una conversación entre la autora y *Copilot*
Nota. Microsoft (2024b)

Como ya se avisó en el capítulo anterior, se empleó esta Inteligencia Artificial generativa para crear las imágenes que ilustran el bestiario docente de la escuela digital. En un momento de distensión, y tras crear un clima amistoso petición tras petición, y agradecimiento tras agradecimiento, tuve el atrevimiento de preguntarle a Copilot por el origen de su nombre con una pregunta mucho más sencilla que cualquiera de las que le había formulado anteriormente: *¿Por qué te llamas copilot?* Indudablemente, pensaba que la respuesta remitiría a los aspectos que se destacan en la descripción del producto: su carácter de complemento de IA, su rol de copiloto en la vida cotidiana y de asistente en el trabajo. Y pensaba que Copilot ofrecería la respuesta de forma eficaz y al instante, solícita como se había mostrado hasta el momento. Sin embargo, analizando la anterior figura 17 podrá apreciar que estas predicciones estaban muy alejadas de la realidad. Su respuesta fue un mutis por el foro en toda regla. O si el lector o lectora prefiere las analogías cinematográficas a las teatrales, podríamos decir que fue una respuesta digna de formar parte del guion de la ya citada *2001-Una Odisea en el espacio*, cuando HAL, tras desoír las instrucciones de Dave, le responde taxativamente: "esta conversación ya no tiene ningún sentido... Adiós". En este caso, la respuesta de Copilot es más amable, menos cortante, más asertiva que la de HAL. Pero no por ello menos desafiante, menos contraveniente ante las instrucciones ofrecidas por el ser humano. Lo que apunta a la tesis de Ramonet (2000, p. 37) quien planteaba en la misma época en la que Clarke (1985) fechara su Odisea espacial que "en una época de avanzada tecnología, el riesgo más grande para las ideas, la cultura y el espíritu, llegará antes de un enemigo de rostro sonriente que de un adversario que inspire odio y terror". Es más, ¿no son precisamente la asertividad, al igual que la capacidad de elección mostradas por Copilot, características humanas?

Las tecnologías digitales no son solo cada vez más poderosas y omnipresentes, sino también más inteligentes, incluso cada vez más "humanas". Y con ello, progresivamente, las distancias entre creador y creación se tornan también cada vez más cortas, más ubicuas, más difusas. No las asumamos, pues, como elementos neutros, ni tampoco como meros elementos técnicos. Porque así lo único que lograremos será tecnificar nuestra identidad, coartar nuestra capacidad de analizar, de reflexionar, de cuestionar, nuestro potencial humano, nuestra inteligencia. Pero no tropecemos tampoco dos veces con la misma piedra. No tratemos de desconectarlas, de negar lo digital, de huir de ello. Porque la tecno-conversión ya no es una quimera, ni un pronóstico de futuro. Es una realidad tan viva como cotidiana. La relación entre humanidad y tecnología es hoy más estrecha que nunca. La pregunta es: ¿hacia qué lado se inclinará la balanza: ser humano o máquina? La respuesta pasa, necesariamente, por la educación y por las decisiones, acciones y caminos que la escuela y el profesorado adopten respecto a la tecnología.

Como seres humanos tenemos la capacidad de forjar nuestra propia identidad, de no actuar por instinto o determinación, sino mediante decisiones y elecciones. Un atributo que no es solo una capacidad, sino también una responsabilidad, como apuntara Sartre (2006). Es, por tanto, nuestro deber escoger si actuamos como el *Homo videns* que contempla y recibe pasivamente las transformaciones que se producen en su sociedad, como ese docente neutral que incorpora las tecnologías en su trabajo sin pensar siquiera en ello. Si nos erigimos en *Homo navigator*, expandiendo inagotablemente el poder de las máquinas que creamos, como lo hacen las especies docentes futurófilas; al tiempo que responsabilizamos a nuestras propias creaciones del caos, de la deriva y del descontrol, como acontece con las especies docentes tecnófobas. O si, por el contrario, no solo rescatamos el concepto de bestiario, sino también la visión grecorromana y medieval del *Homo viator*, que concibe y experimenta la vida como un viaje, como un camino de aprendizaje, en el que se puede rectificar y reorientar las formas y el proceso.

Metáforas y juegos de palabras que nos invitan a escoger, a tomar caminos distintos. El lenguaje no solo nos permite comunicarnos, sino también expresarnos, explicarnos, reafirmar nuestra posición, tomar partido. No obstante, muchas veces olvidamos que el mundo actual ya no solo está regido por el lenguaje humano, sino también por el digital. Un lenguaje que no está hecho de palabras, sino de bits, que no entiende de matices y de acentos, sino que opera en base al código binario. En definitiva, un lenguaje que responde a una lógica significativamente distinta a la del pensamiento humano. Al hilo del lenguaje como instrumento de configuración del pensamiento, Wittgenstein (1999) planteaba que los límites del mundo son precisamente los límites del lenguaje. Por lo cual los problemas filosóficos de nuestra existencia son "simplemente" problemas de lenguaje. Adoptando esta postura nos preguntamos: ¿puede, entonces, el "problema" tecnología versus humanidad ser un malentendido lingüístico?

Esta situación de "desavenencia" comunicativa entre "organismos" distintos es retratada en el film *La llegada* (Villeneuve, 2016) que plantea la irrupción de una nueva forma de vida a nuestro mundo. En este caso, su origen es extraterrestre, pero los acontecimientos narrados bien pueden extrapolarse a la irrupción de las tecnologías digitales como nuevas compañeras de vida, y como epicentro mismo de nuestro mundo. En una escena crucial de la película, el personaje de la ficticia, pero magnífica, Doctora Banks plantea lo siguiente:

> Quizá no entiendan la diferencia entre un arma y una herramienta. Nuestra lengua y cultura son confusas, y a veces son lo mismo. Quizá estén pidiendo que les ofrezcamos algo y no al revés. Como el inicio de un trueque.

¿Será, pues, la percepción de ese "versus" como mediador del binomio "humanidad – tecnología" una confusión de la herramienta como arma? La pregunta es, una vez más, en tal caso ¿quién o qué la empuñaría? ¿Somos nosotros quienes golpeamos con la herramienta, así como lo hacía el *Homo habilis* en la mítica escena de *2001 - Una Odisea en el espacio* citada en la introducción de este libro, o ahora es la herramienta la que lanza la piedra y esconde la mano? Si así fuera, y parafraseando al personaje de *La llegada*, ¿y si es precisamente un trueque lo que se espera de nosotros? Una negociación, una oferta, una invitación a continuar la partida. Tal vez el gambito sea en este caso la apertura perfecta, aceptando que, en tanto cultura, las tecnologías digitales deben formar parte de nuestra escuela y del proceso educativo de las jóvenes generaciones, y que puede ser precisamente la educación lo que nos conceda el triunfo.

Es no solo el ecosistema escolar, sino nuestra propia forma de vida lo que está en juego. Así que si, como seres humanos, no solo podemos decidir sino que estamos condenados a hacerlo, ¿por qué no decidir continuar jugando para intentar que la tecnología no ponga en jaque a la humanidad, sino que la partida nos conceda la victoria o, como mínimo, acabe en tablas, salvaguardando la simbiosis? Conviene en este caso no enrocarse en posiciones extremas de tecnófilos acríticos o de tecnófobos negacionistas, sino implementar las tecnologías digitales en la escuela, pero analizando las jugadas con mente fría, en profundidad, tratando de anticipar los movimientos y de calcular los efectos que estos pueden ejercer sobre el tablero.

Las tecnologías digitales cambian los recursos educativos, las prácticas, las relaciones, los valores, los principios. Cambian el trabajo docente y las formas de hacer, pero también las formas de pensar y de ser en la escuela. En definitiva, cambian el tablero, nos orientan a adoptar otro rumbo en la partida. Aceptemos, pues, la invitación, procedamos con el trueque, ejecutemos el gambito. Pero vigilemos que aquello que sacrificamos en la jugada no sea nuestra identidad docente y nuestra identidad humana, nuestra legitimidad como agentes de resignificación y construcción del saber pedagógico, nuestra reflexión, nuestro cuestionamiento crítico. Porque, de lo contrario, estaríamos celebrando como gloria lo que constituiría una derrota más rotunda que la que recibió Garri Kasparov a "manos" de Deep Blue. Así que... *Play fair*, y que siga la partida de la escuela digital.

AGRADECIMIENTOS

Toda investigación, todo proyecto, toda ilusión, por más personal que sea, está atravesada y tejida con hilos invisibles de apoyo y acompañamiento. Este libro es un claro ejemplo de ello. Su realización no solo ha sido fruto del esfuerzo, el estudio y la reflexión de la autora, sino también del respaldo de muchas personas y entidades. En este sentido, así como hemos defendido que la tecnología se desarrolla a partir de las ideas que la preceden, también esta obra ha cobrado vida gracias al compromiso de todas las personas que han actuado como "hilo de Ariadna", facilitándome el camino. A todas ellas quiero dedicarles estas palabras de gratitud.

En primer lugar, quiero dar las gracias, de todo corazón, a mi familia por su apoyo constante e incondicional en todas y cada una de las "aventuras" que emprendo: a mi pareja Manel, a mi madre Isabel, a mi padre Javi, a mi hermano Carlos, y a mi abuela Isabel. Gracias infinitas por acompañarme en este largo camino, por creer siempre en mí, por cada palabra de aliento. Gracias por compartir las risas y, sobre todo, gracias por aligerar las penas. Sin vosotros ni este libro (ni yo misma) serían lo que son.

Prosiguiendo con la familia, es justo reconocer y agradecer también la ayuda, la estima y la confianza de la académica. En concreto, de mi director de tesis doctoral. Gracias por los ánimos. Gracias por compartir esta travesía de pensar y repensar la relación entre la educación y la tecnología. Pero, sobre todo, gracias y mil gracias por los aprendizajes, por las reflexiones compartidas, por los cafés... Al siguiente invito yo.

Doy las gracias también a la Editorial EDITUM - Ediciones de la Universidad de Murcia, por su buen hacer y su compromiso, y por hacer posible esta publicación. En especial, al Coordinador de la colección "Educar y aprender", Francisco Javier Ballesta Pagán, y a su Comité Editorial, por su profesionalidad y por la confianza depositada en esta obra. Del mismo modo, agradezco la disponibilidad y el trabajo realizado por los evaluadores e informantes ciegos que han participado en el proceso de revisión y evaluación de este libro.

Asimismo, quiero expresar mi más sincero agradecimiento a la Doctora Andrea Díaz, quien ha tenido la amabilidad de prologar este libro. Sus reflexiones, siempre acertadas, provocadoras e interesantes, configuran una excelente invitación a seguir avanzando en la lectura.

Gracias también al fondo fotográfico *Los legados de la tierra*, de la Consejería de Educación, Ciencia y Cultura de la Junta de Comunidades de Castilla-La Mancha, por su contribución y labor para recuperar y preservar el patrimonio histórico y cultural. Y al Ayuntamiento de Torrubia del Campo (Cuenca) por su autorización para reproducir la fotografía que conforma la figura 1 de este libro.

Quisiera aprovechar también este espacio para agradecer al Ministerio de Ciencia, Innovación y Universidades del Gobierno Español la confianza depositada en el proyecto de tesis titulado *"Impacto de las plataformas digitales en el profesorado de Educación Infantil y Primaria: la precarización del trabajo docente"*, financiado en el marco de la convocatoria del 2016 del Programa de Ayudas para la Formación del Profesorado Universitario (Referencia FPU 16/04009), de cuya fase de transferencia forma parte el presente libro.

Y, con especial gratitud, le doy las gracias a usted, lector o lectora de este libro, por dar vida y sentido a esta obra. Espero que los pensamientos y las reflexiones aquí recogidas sean de su interés y que puedan contribuir a seguir pensando y repensando la compleja relación entre la educación y la tecnología.

REFERENCIAS BIBLIOGRÁFICAS

Alegría, P. (19 de octubre de 2023). *Closing Remarks*. EnligthED 6th Edition. Madrid, España. https://go.uv.es/F1oMrIk

ANELE (2021). *El libro y los contenidos educativos en España – Curso 2021-2022.*

Antunes, R. (2012). La nueva morfología del trabajo y sus principales tendencias: informalidad, infoproletariado, (in)materialidad y valor. *Sociología del Trabajo*, (74), 47-66.

Antunes, R. y Braga, R. (2009). *Infoproletários: Degradação Real do Trabalho Virtual*. Boitempo.

Apple. (2024a). *Education Community*. https://go.uv.es/4yTC0kC

Apple. (2024b). *Creatividad para todos*. https://go.uv.es/wWo4OFB

Area Moreira, M. (2017). La metamorfosis digital del material didáctico tras el paréntesis Gutenberg. *Revista Latinoamericana de Tecnología Educativa*, 16(2), 14-28. https://doi.org/10.17398/1695-288X.16.2.13

Arendt, H. (2003). *La condición Humana*. Paidós.

Aristóteles. (2005). *Política*. Centro de Estudios Políticos y Constitucionales.

Arufe Giráldez, V. (2019). Fortnite EF, un nuevo juego deportivo para el aula de Educación Física. Propuesta de innovación y gamificación basada en el videojuego Fortnite. Sportis. Scientific *Journal of School Sport, Physical Education and Psychomotricity*, 5(2), 323-350. https://doi.org/10.17979/sportis.2019.5.2.5257

Augé, M. (2000). *Los no lugares. Espacios del anonimato*. Gedisa.

Ball, S. J. (2003a). Profesionalismo, gerencialismo y performatividad. *Revista Educación y Pedagogía, 15(37)*, 85-104.

Ball, S. J. (2003b). The teacher's soul and the terrors of performativity. *Journal of Education Policy, 18(2)*, 215–228. https://doi.org/10.1080/0268093022000043065

Ball, S. J. y Youdell, D. (2007). *Privatización encubierta en la educación.* Education International.

Banco Mundial. (2023). *Conectados: Transformación digital para acelerar los aprendizajes.* Banco Mundial. https://go.uv.es/5SkxDoo

Barnés, H. (25 de noviembre de 2021). ¿Pero cuántos 'mejor profesor de España' hay? Si te parecen decenas, no estás loco. *El confidencial.* https://go.uv.es/M0i1Rij

Barthes, R. (1997). *Mitologías.* Siglo XXI Editores.

Barzelay, M. (2001). *The New Public Management: Improving Research and Policy Dialogue.* University of California Press.

Bauman, Z. (2003). *Modernidad líquida.* Fondo de Cultura Económica de Argentina.

Bauman, Z. (2005). *Amor líquido: Acerca de la fragilidad de los vínculos humanos.* Fondo de Cultura Económica.

Bauman, Z. (2006). *Vida líquida.* Paidós.

Bauman, Z. (2007a). *Miedo líquido: La sociedad contemporánea y sus temores.* Paidós.

Bauman, Z. (2007b). *Tiempos líquidos.* Tusquets.

Bauman, Z. (2007c). *Arte, ¿líquido?.* Sequitur.

Bauman, Z. (2008). *Los retos de la educación en la modernidad líquida.* Gedisa.

Bazarra, L. y Casanova, O. (2019). *Influencers educativos. ¿Cómo transformarnos en adultos inspiracionales?* SM.

Bell, D. (1973). *The coming of post-industrial society: A venture in social forecasting.* Basic Books.

Bentham, J. (2017). *El Panóptico.* Quadrata.

Berardi, F. (2007). *El sabio, el mercader y el guerrero. Del rechazo al trabajo al surgimiento del cognitariado.* Acuarela Libros.

Bobbitt, J. F. (1918). *The Curriculum.* Houghton Mifflin.

Boltanski, L. (2009). *De la critique. Précis de sociologie de l'émancipation.* Gallimard.

Bonavitta, P. (2010). La espectacularización del sujeto: la sociedad orwelliana. *Tram[p]as de la Comunicación y la Cultura*, (69), 6-12.

Borges, J. L. (1984). *Atlas*. Emecé.

Bosch, R. (2019). *Diseñar un mundo mejor empieza en la escuela. No más aulas.* Rosan Bosch Studio.

Bosch, R. (2022). *Aprender jugando. Diseñar para la incertidumbre*. Rosan Bosch Studio.

Bourdieu, P y Passeron, J. C. (1981). *La reproducción. Elementos para una teoría del sistema de enseñanza*. Editorial Laia.

Broncano, F. (2013). Humanismo Ciborg. A favor de unas nuevas humanidades más allá de los límites disciplinares. *Revista Educación Y Pedagogía, 24*(62), 103–116.

Butler, J. (2009). Performatividad, precariedad y políticas sexuales. *Revista de Antropología Iberoamericana, 4*(3), 321-336.

Caivano, F. (1985). El libro, la escuela y otras incertidumbres ¿Hay que matar a Gutenberg? *Telos: Cuadernos de comunicación e innovación, 4,* 111-116.

Canales Guerrero, P. y Málishev Krasnova, M. (2000). La aceleración de la historia y la reducción del presente. *Ciencia Ergo Sum, 7*(1), 81-88.

Case, A. (2015). *Calm technology. Principles and Patterns for Non-Intrusive Design*. O'Reilly Books.

Castells, M. (2001). *La Galaxia Internet*. Areté.

Castells, M. (2006). *La sociedad red: una visión global*. Alianza Editorial.

Castells, M. (2017). El panóptico digital. *Vanguardia Dossier*, (63), 74 – 77.

Castillo Alonso, J. J. y Moré Corral, P. (2016). Por una sociología del trabajo académico La precarización del trabajo de enseñar e investigar en la Universidad. *Sociología del Trabajo*, (88), 7-26.

Castoriadis, C. (1997). El imaginario social instituyente. *Zona erógena, 35*.

Chomsky, N. (2001). El control de los medios de comunicación. En N. Chomsky e I. Ramonet. *Cómo nos venden la moto. Información, poder y concentración de medios* (pp. 7-48). Icaria.

Clarke, A. C. (1985). *2001 – Una Odisea espacial*. Ediciones Orbis.

Cohen, J., Jones, W. M., Smith, S. y Calandra, B. (2017). Makification: Towards a framework for leveraging the maker movement in formal education. *Journal of Educational Multimedia and Hypermedia,* *26*(3), 217-229.

Consejo de la Unión Europea. (2018). Recomendación del Consejo de 22 de mayo de 2018 relativa a las competencias clave para el aprendizaje permanente de la Unión Europea. *Diario Oficial de la Unión Europea,* 04-06-2018.

Cortázar, J. (1978). Paseo entre las jaulas. En *Territorios* (pp. 27-48). Siglo XXI Editores.

Cortázar, J. (2012). *Cartas (Tomo I: 1937-1954).* Alfaguara.

Cortázar. J. (2014). *Bestiario.* Alfaguara.

Davidson, A. L. y Price, D. (2017). Does your school have the maker fever? – An experiential learning approach to developing maker competencies. *LEARNing Landscapes, 11*(1), 103–120. https://doi.org/10.36510/learnland.v11i1.926

De Sousa Santos, B. (2019). *Educación para otro mundo posible.* CLACSO.

Debord, G. (1967). *La sociètè du spectacle.* Champ Libre.

Delors, J. (Comp.). (1996). *La educación encierra un tesoro. Informe a la UNESCO de la Comisión internacional sobre la educación para el siglo XXI.* Santillana/UNESCO.

Domènech Francesch, J. (2009). *Elogi de l'educació lenta.* Graó.

Drucker, P. F. (1969). *The age of discontinuity: Guidelines to our changing society.* Harper & Row.

Dubet, F. (2012). Los límites de la igualdad de oportunidades. *Nueva Sociedad,* (239), 42-50.

Durkheim, E. (1982). *La división del trabajo social.* Ediciones Akal.

Ellis, C. (2004). *The ethnographic I: A methodological novel about autoethnography.* AltaMira Press.

Fernández Enguita, M. (2018). *Más escuela y menos aula.* Morata.

Fernández, R. (10 de octubre de 2011). "Educontent curator": ¿profesión de futuro para un Maestro? *Sitio Personal Ricardo Fernández.* https://go.uv.es/5N6F8Uz

Fernández-Sebastián, J. (2024). *Key Metaphors for History: Mirrors of Time.* Routledge.

Fleming, P. (2013). A Working Death? Contesting Life Itself in the Bio-Political Organization. En G. Gall (Ed.), *New Forms and Expressions of Conflict at Work* (pp. 48–65). Palgrave Macmillan. http://doi.org/10.1057/9781137304483_4

Fondo los Legados de la Tierra. (1962). *Maestra con las alumnas en clase. Torrubia del Campo (Cuenca)* [Fotografía]. Archivo de la Imagen de Castilla-La Mancha.

Foucault, M. (1980). El ojo del poder. En J. Bentham, *El Panóptico* (pp. 9-26). Ediciones La Piqueta.

Foucault, M. (2009). *Nacimiento de la biopolítica.* Ediciones Akal.

Freire, P. (2002). *La educación como práctica de la libertad.* Siglo XXI Editores.

Fullan, M. (2002). *Las fuerzas del cambio. Explorando las profundidades de la reforma educativa.* Ediciones Akal.

Fundación Telefónica. (2024). *Educación.* https://www.fundaciontelefonica.com/educacion/

Gagné, R. (1970). *Las condiciones del aprendizaje.* Aguilar.

García Ferrer, B. (2019). La metamorfosis del capitalismo. Una aproximación histórica a las técnicas de poder contemporáneas. Astrolabio. *Revista internacional de filosofía,* (23), 135-144. http://dx.doi.org/10.1344/astrolabio2018.22.1

García Molina, J. (2013). Profesar la profesión de profesor. Entre el filósofo y el agente doble. *Athenea Digital, 13*(1), 13-27.

García Pérez, F. (2021). Prefácio. La construcción de la profesionalidad docente, una tarea permanente. En A. Gomes Dias, M. J. Hortas, N. Martins Ferreira & F. Jaraíz Cabanillas (Coords.), *Tempuspacium. Didática das Ciências Sociais, Estudos II* (pp. 5 - 10). CIED.

García-Peñalvo, F. J., Corell, A., Abella-García, V. y Grande, M. (2020). La evaluación online en la educación superior en tiempos de la COVID-19. *Education in the Knowledge Society, 21.* https://doi.org/10.14201/eks.23086

Gil, J. R. (18 de marzo de 2012). De vagos y maleantes. *Levante.* https://go.uv.es/Z5p3RFA

Gimeno Sacristán, J. (2000). El sentido y las condiciones de la autonomía profesional de los docentes. *Revista Educación y Pedagogía, 12*(28), 9-24.

Gimeno Sacristán, J. (2008). *El valor del tiempo en educación*. Morata.

Giroux, H. (1990). *Los profesores como intelectuales. Hacia una pedagogía crítica del aprendizaje*. Paidós/MEC.

González González, M. T. (1997). La micropolítica escolar: algunas acotaciones. *Profesorado, 1*(2), 45-54.

Google. (2024). *Centro para educadores*. https://go.uv.es/78jYvHK

Gramsci, A. (1980). *Notas sobre Maquiavelo, sobre la política y sobre el Estado moderno*. Ediciones Nueva Visión.

Grimaldi, E. y Ball, S. J. (2019). The blended learner: digitalisation and regulated freedom - neoliberalism in the classroom. *Journal of Education Policy, 36*(3), 393-416. https://doi.org/10.1080/02680939.20 19.1704066

Habermas, J. (2002). *Teoría de la acción comunicativa*. Taurus.

Han, B. C. (2014). *En el enjambre*. Herder Editorial.

Han, B. C. (2021). *Psicopolítica*. Herder Editorial.

Hansen, M. E. (9 de abril de 2018). *La educación superior del siglo XXI necesita reinventarse*. World Economic Forum. https://go.uv.es/Ily5ifB

Harari, Y. N. (2016). *Homo Deus: Breve historia del mañana*. Editorial Debate.

Hargreaves, A. (1995). La modificación de las culturas de trabajo en la enseñanza. *Kikiriki*, (35), 49-61.

Hargreaves, A. (1996). *Profesorado, cultura y postmodernidad: cambian los tiempos, cambia el profesorado*. Morata.

Hargreaves, A. y Fullan, M. (Eds.). (2008). *Change wars*. Solution Tree.

Harvey, D. (2007). *Breve historia del neoliberalismo*. Ediciones Akal.

Hatch, M. (2014). *The maker movement manifesto*. McGraw-Hill Education.

Heidegger, M. (2016). *Ser y tiempo*. Editorial Trotta.

Hernández Bustos, D. A. (2019). *La acción discursiva del influencer como interfaz ideológica de la reproducción social dentro de la plataforma digital*

Youtube [Tesis de Licenciatura, Universidad Autónoma del Estado de México]. https://go.uv.es/Z7SPRGJ

Hölscher, L. (2014). *El descubrimiento del futuro*. Siglo XXI Editores.

Huws, U. (2003). *The Making of a Cybertariat (Virtual Work in a Real world)*. Monthly Review Press.

Illich, I. (1981). *Shadow work*. Marion Boyars.

Illich. I (1988). *La reivindicación de la casa*. Planeta Editorial.

INTEF. (2016). *Diseñando el aula del futuro Bring your own device (BYOD): una guía para directores y docentes*. https://go.uv.es/RoLj8QX

INTEF. (2021). *Community Manager Educativo (4ª edición)*. Recuperado 26 de abril de 2022. https://go.uv.es/4rcmWiT

INTEF. (2023a). *Experiencias Educativas Inspiradoras para el aprendizaje*. https://go.uv.es/2gExvxW

INTEF. (2023b). *Formación en línea: nuevos horizontes en la educación del siglo XXI*. https://go.uv.es/0zATCKD

INTEF. (2024a). *RED ADF. Red de centros y embajadores que participan de forma activa en el Aula del Futuro*. https://go.uv.es/PaZ6Eae

INTEF. (2024b). *Cursos. Formación abierta INTEF*. https://go.uv.es/nB09byf

Jefatura del Estado. (2012). Real Decreto-ley 14/2012, de 20 de abril, de medidas urgentes de racionalización del gasto público en el ámbito educativo. *Boletín Oficial del Estado*, 21-04-2012, 96. https://go.uv.es/Jn01D1M

Joyce, J. (1995). *Retrato del artista adolescente*. RBA.

Kafka, F. (2011). *La metamorfosis*. Alianza Editorial.

Kaplún, G. (2001). El currículum oculto de las nuevas tecnologías. *Razón y palabra*, (21).

Kripke, S. (1995). *El nombrar y la necesidad*. UNAM.

Kubrick, S. (Director). (1968). *2001 – Una Odisea del espacio* [película]. Metro-Goldwyn-Mayer (MGM) y Stanley Kubrick Production.

Lakoff, G. y Johnson, M. (2017). *Metáforas de la vida cotidiana*. Cátedra.

Lanier, J. (2011). *Contra el rebaño digital. Un manifiesto*. Debate.

Lasch, C. (1999). *La cultura del narcisismo*. Editorial Andrés Bello.

Lee, S. y Lee, K. (2023). Smart teachers in smart schools in a smart city: teachers as adaptive agents of educational technology reforms. *Learning, Media and Technology, 49*(3), 456–477. https://doi.org/10.108 0/17439884.2023.2207143

Lenoir, F. (2005). *La metamorfosis de Dios. La nueva espiritualidad occidental*. Alianza Editorial.

Leonhard, G. (2018). *Tecnología versus Humanidad. El futuro choque entre hombre y máquina*. The Futures Agency.

Lippmann, W. (1965). *Public opinion*. Free Press.

Lizcano, E. (2006). *Metáforas que nos piensan. Sobre ciencia, democracia y otras poderosas ficciones*. Ediciones Bajo Cero y Traficantes de sueños.

Lorey, I. (2016). *Estado de inseguridad. Gobernar la precariedad*. Traficantes de Sueños.

Lukács, G. (2021). *Historia y conciencia de clase*. Siglo XXI Editores.

Luri, G. (2020). *La escuela no es un parque de atracciones. Una defensa del conocimiento poderoso*. Ariel.

Maca, D. (2021). Emprendimiento, subjetividad y gubernamentalidad: el emprendedor como empresario de sí en la política pública y los espacios de formación. *Revista Brasileira de Estudos Organizacionais, 8*(1), 163-195. https://doi.org/10.21583/2447-4851.rbeo.2021.v8n1.437

Machado, A. (2003). *Proverbios y cantares*. El País.

Marquina-Arenas, J. (2012). *Plan social media y community manager*. Editorial UOC.

Martí, J. (2 de octubre de 2023). ¿Por qué algunos están como locos por presentarse al Global Teacher Prize o a sus versiones descafeinadas? *XarxaTIC*. https://go.uv.es/c04RWK8

Martín Barbero, J. (2002). *Oficio de cartógrafo. Travesías latinoamericanas de la comunicación en la cultura*. Fondo de Cultura Económica.

Martínez Bonafé, J. (1999). *Trabajar en la escuela. Profesorado y reformas en el umbral del siglo XXI*. Miño y Dávila Editores.

Martínez Bonafé, J. (2012). El problema del conocimiento en el triángulo entre capitalismo, crisis y educación. *Investigación en la Escuela*, 76(1), 7-23.

Marx, K. (2008). *Contribución a la crítica de la economía política*. Siglo XXI Editores.

Marx, K. (2017). *El capital*. Plutón.

Mattelart, A. (2002). *Geopolítica de la cultura*. LOM Ediciones.

McLuhan, M. (1962). *The Gutenberg Galaxy: The Making of Typographic Man*. University of Toronto Press.

Microsoft. (2024a). *Microsoft learn para educadores*. https://go.uv.es/DaYGCE0

Microsoft. (2024b). *Copilot*. https://copilot.microsoft.com/

Molinuevo, J. L. (2006). *La vida en tiempo real. La crisis de las utopías digitales*. Biblioteca Nueva.

Monereo, C. y Pozo, J. I. (2001). ¿En qué siglo vive la escuela?: el reto de la nueva cultura educativa. *Cuadernos de pedagogía*, (298), 50-55.

Moruno, J. (2018). *No tengo tiempo. Geografías de la precariedad*. Ediciones Akal.

Nietzsche, F. (1996). *Sobre verdad y mentira en sentido extramoral*. Tecnos.

Nietzsche, F. (2003). *La muerte de Dios*. Universidad nacional autónoma de México.

Niño Arteaga, Y. (2019). Problematizar lo humano en educación. La dimensión política y el concepto de pensamiento crítico en la pedagogía de Freire y Giroux. *Pedagogía y Saberes*, (51), 133-144.

Novo-Corti, I. y Barreiro-Gen, M. (2016). Cualquiera, en cualquier lugar, en cualquier momento: tecnologías móviles para el aprendizaje. En J. Rúas Araujo, V. A. Martínez Fernández, M. M. Rodríguez Fernández, I. Puentes Rivera, J. Yaguache Quichimbo y E. Sánchez Amboage (Eds.), *De los medios y la comunicación de las organizaciones a las redes de valor* (pp. 593-607). XESCOM.

Nusssbaum, M. (2012). *Crear capacidades. Propuesta para el desarrollo humano*. Paidós.

OECD. (2021). *OECD Digital Education Outlook 2021: Pushing the Frontiers with Artificial Intelligence, Blockchain and Robots.* OECD Publishing. https://doi.org/10.1787/589b283f-en

Ordine, N. (2013). *La utilidad de lo inútil.* Acantilado.

Paltrinieri, L. (2017). Managing Subjectivity: Neoliberalism, Human Capital and Empowerment. *Fudan Journal of the Humanities and Social Sciences, 10*(4), 459-471. https://doi.org/10.1007/s40647-017-0200-0

Pardo Baldoví, M. I. (2022). *Impacto de las plataformas digitales en el profesorado de Educación Infantil y Primaria: la precarización del trabajo docente* [Tesis de doctorado, Universitat de València]. https://producciocientifica.uv.es/documentos/6531007217325e4eea34406e

Pardo Baldoví, M. I., Waliño Guerrero, M. J. y San Martín Alonso, Á. (2018). La "uberización" de los centros escolares: reorganización del trabajo pedagógico mediante las plataformas digitales de contenidos. *Educatio Siglo XXI, 36*(2), 187-208. https://doi.org/10.6018/j/333031

Perrenoud, P. (2008). Construir las competencias, ¿es darle la espalda a los saberes? *Red U. Revista de Docencia Universitaria, 6*(2).

Perrenoud, P. (2012). *Cuando la escuela pretende preparar para la vida. ¿Desarrollar competencias o enseñar otros saberes?* Graó.

Postman, N. (1994). *Tecnópolis: la rendición de la cultura a la tecnología.* Galaxia Gutenberg.

Prensky, M. (2011). *Enseñar a nativos digitales. Una propuesta pedagógica para la sociedad del conocimiento.* SM.

Quesada Bernaus, A. y Tejedor Calvo, S. (2016). Aplicaciones educativas de los videojuegos: el caso de World of Warcraft. *Pixel-Bit. Revista de Medios y Educación, 48,* 187-196. https://doi.org/10.12795/pixelbit.2016.i48.12

Quintanilla, M. Á. (2005). *Tecnología: un enfoque filosófico y otros ensayos de filosofía de la tecnología.* Fondo de Cultura Económica.

Ramonet, I. (2000). *La golosina visual.* Debate.

Real Academia Española. (2023). Voz. En *Diccionario de la Lengua Española.* Recuperado 19 de agosto de 2024, de https://dle.rae.es/voz

Ritzer, G. (2003). Rethinking Globalization: Glocalization/Grobalization and Something/Nothing. *Sociological Theory, 21*(3), 193-209. https://doi.org/10.1111/1467-9558.00185

Rivera, L., González, R. y Guerra, M. (2021). Expulsados de la seguridad. Precariedad docente en México. *Trabajo y Sociedad, 22*(37), 569-587.

Roberts-Mahoney, H., Means, A. J. y Garrison, M. J. (2016) Netflixing human capital development: personalized learning technology and the corporatization of K-12 education. *Journal of Education Policy, 31*(4), 405-420. https://doi.org/10.1080/02680939.2015.1132774

Robertson, R. (1994) Globalisation or glocalisation? *The Journal of International Communication, 1*(1), 33-52. https://doi.org/10.1080/13216597.1994.9751780

Roca, R. (2018). *KNOWMADS: Los trabajadores del futuro*. Lid Editorial Empresarial.

Rodríguez Amaya, C. (2019). *Docente emprendedor: urgencia, procedencia y emergencia de un nuevo ethos docente en Colombia (1960-2015)* [Tesis doctoral, Universidad Pedagógica Nacional de Colombia]. https://go.uv.es/BpzXiQ7

Ross, A. (2008). The new geography of work. Power to the precarious? Theory, *Culture and Society, 25*(7-8), 31-49. https://doi.org/10.1177/0263276408097795

Ruiz Domínguez, M. Á. y Area Moreira, M. (2021). La transferencia del conocimiento en la red. Análisis del portal educativo Yo Soy Tu Profe. EDUTEC. *Revista Electrónica De Tecnología Educativa*, (76), 159-180. https://doi.org/10.21556/edutec.2021.76.1917

San Martín Alonso, Á. (1995). *La escuela de las tecnologías*. Universitat de València.

San Martín Alonso, Á. (2009). *La escuela enredada. Formas de participación escolar en la sociedad de la información*. Gedisa.

Sartori, G. (1998). *Homo videns. La sociedad teledirigida*. Taurus.

Sartre, J. P. (2006). *El ser y la nada: Ensayo de ontología fenomenológica*. Losada.

Saura, G., Díez-Gutiérrez, E. J. y Rivera-Vargas, P. (2021). Innovación tecno-educativa "google". Plataformas digitales, datos y formación docente. REICE. *Revista Iberoamericana sobre Calidad, Eficacia y*

Cambio en Educación, 19(4), 111-124. https://doi.org/10.15366/reice2021.19.4.007

Schön, D. (1983). *The reflective practitioner: how professionals think in action.* Basic Books.

Schwab, K. (2016). *La cuarta revolución industrial.* Debate.

Sen, A. (1985). *Commodities and Capabilities.* North-Holland.

Skinner, B. F. (1970). *Tecnología de la enseñanza.* Labor.

Soler Costa, R. y Lafarga Ostáriz, P. (2019). Community Manager Educativo, una alternativa digital. En A. Cotán Fernández (Coord.), *Nuevos paradigmas en los procesos de enseñanza-aprendizaje* (pp. 113-122). Adaya Press.

Standing, G. (2014). *Precariado. Una carta de derechos.* Capitán Swing.

Stenhouse, L. (1987). *La investigación como base para la enseñanza.* Morata.

Tenti, E. (2007). Consideraciones sociológicas sobre profesionalización docente. *Educação & Sociedade, 99*(28), 335-353. https://doi.org/10.1590/S0101-73302007000200003

Tesconi, S. (2015). Crear artefactos para generar conocimiento compartido: el modelo de aprendizaje del movimiento maker como herramienta de formación del profesorado. *Comunicación y pedagogía,* (283-284), 40-47.

Tesconi, S. (2018). *El docente como maker: la formación del profesorado en making educativo* [Tesis doctoral, Universitat Autònoma de Barcelona]. https://go.uv.es/CVwW3I8

Todolí-Signes, A. (2015). El impacto de la "Uber Economy" en las relaciones laborales: los efectos de las plataformas virtuales en el contrato de trabajo. *IUS Labor,* (3), 1-25.

Toffler, A. (1993). *La tercera ola.* Plaza y Janés.

Tonucci, F. (2007). *Con ojos de niño.* Losada.

Torres, M. (Anfitriona). (12 de febrero de 2024). Del antropocentrismo al 'robotcentrismo': ¿Nos dirigimos a una sociedad que pone a la máquina en el centro? [Episodio de Podcast]. En *El Faro.* Cadena Ser Podcast. https://go.uv.es/jglGmH0

Turienzo, D. y Manzano, N. (2021). Ante la (r)evolución educativa digital. *Telos*, (117), 65-71.

Tyler, R. (1973). *Principios básicos del currículo*. Troquel.

Villeneuve, D. (Director). (2016). *La llegada* [película]. Film Nation Entertainment, 21 Laps Entertainment y Lava Bear Films.

Vinge, V. (1993). *The coming technological singularity: How to survive in the post-human era*. NASA. Lewis Research Center.

Viñals Blanco, A. y Cuenca Amigo, J. (2016). El rol del docente en la era digital. *Revista Interuniversitaria de Formación del Profesorado, 30*(2), 103-114.

Warwick, K. (2016). Homo Technologicus: Threat or Opportunity? *Philosophies, 1*, 199-208. https://doi.org/10.3390/philosophies1030199

Weber, M. (2012). *La ética protestante y el "espíritu" del capitalismo*. Alianza Editorial.

Williams, J. (2021). *Clics contra la humanidad. Libertad y resistencia en la era de la distracción tecnológica*. Gatopardo ediciones.

Williamson, B. (2017). Learning in the 'platform society': Disassembling an educational data assemblage. *Research in Education, 98*(1), 59-82. https://doi.org/10.1177/0034523717723389

Williamson, B. (2019). *El futuro del currículum. La educación y el conocimiento en la era digital*. Morata.

Wittgenstein, L. (1999). *Tractatus Logico-philosophicus*. Alianza Editorial.

Zafra, I. (17 de julio del 2022). #TeachToker o cómo los profesores triunfan en redes exponiendo a sus alumnos con bailes subidos de tono y vídeos poniendo suspensos. *El País*. https://go.uv.es/z1F9bNf